AF130213

Die phantastische Reise nach Mexiko

Manfred Reinartz

Die phantastische Reise nach Mexiko

oder

Wie viel Rum wird benötigt von Kiel nach Mexiko?

Bibliografische Information der Deutschen Nationalbibliothek:
Die Deutsche Nationalbibliothek verzeichnet diese Publikation
in der Deutschen Nationalbibliografie; detaillierte bibliografische Daten sind im Internet über http://dnb.d-nb.de abrufbar.

© 2014 Manfred Reinartz

Herstellung & Verlag: BoD™ – Books on Demand, Norderstedt
Printed in Germany
ISBN: 978-3-73572-061-0

Vorwort

Eigentlich könnte man ein ruhiges Leben führen, wäre da nicht der Nachwuchs. Ohne ihn wäre es aber langweilig im Leben, so auch bei uns. Erst sind sie klein, da passt man auf sie auf, dass ihnen nichts passiert. Sind sie dann groß, hat man Angst, dass ihnen was passiert. Auch bei uns war das der Fall. Zu uns gehören drei Töchter. Die älteste führt in einer großen Stadt im Norden ihre eigene logopädische Praxis. Die mittlere betreibt ihr eigenes EDV-Dienstleistungsunternehmen im Rheinland, ihr Ehemann bekleidet eine führende Position bei einem großen Chemiekonzern. Die jüngste ist Standesbeamtin geworden, ihr Ehemann Biologe im Max Planck Institut. Enkel Leon, unser Sonnenschein, gedeiht prächtig, sein Schwesterchen ist bereits unterwegs. Alles in allem hätten wir uns gelassen zurücklehnen können. Aber erstens kommt es anders und zweitens als man denkt.

Und irgendwann verkündeten Petra (die mittlere) und Klaus, dass sie ihre Jobs an den berühmten Nagel hängen wollten. Schon war die heile Welt nicht mehr so langweilig wie vorher.

1. Kapitel

Schon seit Jahren träumten Petra und Klaus von ihrer Weltreise. Für die beiden war es ein Traum, für mich ein Albtraum. Geplant war eine Tour durch die USA, Mexiko, Costa Rica, Panama und danach durch Südamerika. Weiter war noch alles offen. Als die Sache immer konkreter wurde und ich es nicht mehr verhindern konnte, beschloss ich die Flucht nach vorne.

Ich überlegte mir ein neues Boot zuzulegen; damit würde ich ihnen entgegenfahren. Vielleicht würde ich sie in Panama oder in der Nähe von Kap Horn treffen. Von Freunden hatte ich Adressen von Händlern in Hamburg erhalten, die einige gebrauchte Segelschiffe zum Verkauf anboten. Also fuhr ich nach Hamburg, um mir die Schiffe anzuschauen. Was ich da sah, war nicht sehr berauschend. Zugegeben preislich waren sie ein Schnäppchen. Der Haken an der Sache war nur, man musste die Schiffswracks selbst bergen. So ließ ich es sein. Unverrichteter Dinge ging ich von dannen und besuchte eine kleine Seemannsbar am Elbufer in der Nähe von Blankenese, die ich noch aus meiner Zeit als Seefahrer kannte. Endlich bekam ich mal wieder einige vernünftige Grogs zu trinken. Es war auch die richtige Mischung: 1/10 Wasser, 9/10 Rum (Windstärke 12), anders als in meiner neuen Wahlheimat Cochem an der Mosel. Der Wirt und ich erzählten von längst vergangenen Zeiten. Die Bar hatte er vor ein paar Jahren von Kapitän Hüsebrog übernommen. Käpt'n Hüsebrog kannte ich auch noch von früher, er hatte später auch als Heuerbaas[1] fungiert.

---

[1] Jobmanager für Seeleute

Leider war er vor einem Jahr verstorben. Man sagte, er hätte unverdünntes Wasser getrunken. Nachdem ich mehrere Gläser Grog getrunken hatte, stellte sich das „Doppelte Gesichtssyndrom" ein, man erinnere sich an die Geschichte „Das Drama Grog". Plötzlich standen mir zwei Wirte gegenüber, sie sahen aus wie Zwillinge, die auch noch gleich angezogen waren. Bei einer Wirtin hätte ich vermutet, es sind die Hellweg Sisters. Eigentlich wollte ich zu meiner Tochter gehen, die hier wohnte. Doch als ich zur Tür torkelte, sah ich, dass da zwei Türen waren. Ich ging natürlich durch die falsche und lief gegen die Wand.

Der Wirt, der das kannte, bot mir ein Zimmer an und brachte mich über die alte, kleine Treppe ins Obergeschoss in ein Zimmer, in dem ich vor Jahren schon mal übernachtet hatte, verabschiedete sich und wünschte mir eine gute Nacht. Ich schaute mich in meinem neuen Quartier um und stellte fest, dass zwei Betten im Raum standen, obwohl das Zimmer eigentlich viel zu klein war, aber sonst hatte sich nichts Gravierendes verändert. Meine Jacke hing ich über den Stuhl, der da stand. Die Schuhe von den Füßen werfend ließ ich mich auf das erste Bett fallen, noch im Fallen war es wieder da, das „Doppelte Gesichtssyndrom". Ich knallte auf den Boden, denn ich hatte das falsche Bett erwischt.

Am anderen Morgen wurde mir ein kräftiges Frühstück serviert, ich bezahlte und machte mich auf den Weg zu meiner Tochter. Es war schon spät am Morgen, sodass ich direkt zu ihrer Praxis ging. Am Empfang fragte mich das Mädel: „Was können wir für Sie tun?" Mit schwerer Zunge sagte ich ihr: „Ich möchte zu meiner Tochter." Sie sah mich mitleidig an und antwortete: „Mit dem Sprachfehler sollten Sie doch besser einen Termin vereinbaren, denn das wird bei Ihnen wohl eine längere Behandlung werden." Mit hängendem Kopf ging ich weiter und rief meine Tochter auf dem Handy an. Wir verabredeten uns dann am Elbufer in dem Fischrestaurant „Dübelsbrücker Kajüt" zum Essen. Nach dem Essen verabschiedeten wir uns und sie wünschte mir noch viel Glück beim Bootskauf. Sie schüttelte den Kopf, was sollte sie auch sonst schütteln, lachte, ging wieder in ihre Praxis und ich fuhr mit dem Zug nach Kiel.

In Kiel angekommen ging es sofort in den großen Segelhafen und ich schaute mich dort um. Anschließend begab ich mich in den Museumshafen. Und was war zu sehen? Meine alte „Falado", mit der ich längere Zeit gesegelt war. Die „Falado von Rhodos" ist eine Brigantine mit 200 qm Segelfläche und 30 t Gewicht, 21 m hoch und ca. 23 m lang. Nachdem ich mich sattgesehen hatte, ging ich weiter und sah mir noch einige andere Schiffe an. Mein Gott, lagen da schöne Schiffe: gebrauchte, uralte und neuere. Eins hatte es mir angetan. Zugegeben, es war etwas groß, aber ich hatte ja auch einiges vor. Nun schaute ich mir noch ein paar kleinere Schiffe an. Die waren auch nicht schlecht: ein Zweimaster von 13,50 m oder eine Feuerstern Q17, die hatte eine Länge von 14,28 m. Nun hatte ich die Qual der Wahl: Welches Schiff sollte es sein? Favorit 1 war wohl das schnellste, aber der Stauraum war etwas klein und den brauchte ich ja unbedingt. Favorit 2, die „Olle", war natürlich von allem etwas: Es sah schnell aus, hatte viel Stauraum und war auch schön breit; sie lag bestimmt ruhig und gut am Wind. Der Rumpf war sehr robust gebaut, sodass sie manchen Sturm überleben würde.

Jupiter 1 war das größte: Platz war genug da und es war aus Polyester, damit hätte ich später die wenigste Arbeit. Ab und zu mal den Rumpf von Algen befreien und fertig; eventuelle kleine Schäden wären auch schnell behoben. Auch war es ziemlich neu und das machte die Sache so kompliziert. So wie es aussah, glaubte ich aber: das wird mein Schiff werden. Nun ließ ich das Schicksal entscheiden und wollte eine Münze hochwerfen: fällt sie runter, kaufe ich es; bleibt sie oben, wird die „Olle" gekauft. Die Münze wurde hochgeworfen und wie das Schicksal es wollte, sie fiel auf den Boden. Also sollte es so sein. Nachdem die Entscheidung getroffen war, musste ich mich erst mal entspannen und ging in die nächste Seemannsbar direkt am Kai zum „Käpt'n Hein" nah an der Blücherbrücke, wo wir früher öfters eingekehrt waren. Ich nahm Platz an einem kleinen Tisch in der Gaststube, es war ein kalter Tag, obwohl es schon der 22. Juni 2011 war. Der Kellner kam auch sofort und ich bestellte einen „nördlichen Grog" (halb Wasser, halb Rum). Ich überdachte noch mal die ganze Situation und kam zu dem Entschluss: „Wat mutt, dat mutt!", wie die Torfköpfe hier oben zu sagen pflegten.

Ich wollte es aber nicht überstürzen und schlief daher noch eine Nacht darüber. Ich suchte mir eine schöne, schnuckelige Seemannsunterkunft in der Nähe der Hafenpromenade unmittelbar neben dem Museumshafen, bezog mein Zimmer und ging runter in die Bar, um etwas zu essen. In dem Lokal befanden sich Seeleute, Matrosen und auch zwei Kapitäne. Es war kein Problem mit den Männern ins Gespräch zu kommen, denn sie hatten alle schon einige Gläser Rum vernichtet. Kaum, dass ich saß, wurde ich auch direkt in ein Gespräch verwickelt. Schon wurden die abenteuerlichsten Geschichten erzählt. Es war so Sitte, dass überall dort, wo Seeleute auftauchten, Geschichten erzählt wurden, ob sie nun wahr waren oder nicht, das spielte keine Rolle. Es wurde ein schöner, unterhaltsamer Abend wie in alten Zeiten. Einem alten Kapitän, Peterson aus Puttgarden, der vor meiner Zeit auch auf dem Zweimaster „Mary Celeste" über die Meere gefahren war, erklärte ich, was mich nach Kiel bewegt hatte. Nun erzählte ich ihm noch, dass ich ein Segelschiff erwerben wollte und eine wunderschöne Feuerstern Q17 gefunden hatte. Er war sofort begeistert, denn er kannte das Schiff, er selbst hatte es schon einmal vor Jahren gesegelt. „Jupiter 1 heißt das Schiff und liegt vorübergehend im Museumshafen", sagte er. „Der Eigner ist ein guter Freund von mir. Sein Name ist Kapitän Larsen aus Visby". Zurzeit sei er in Kiel und wollte sein Schiff verkaufen. Sobald er für sein Schiff einen Käufer gefunden hätte, wollte er zurück nach Dänemark. Das hörte sich gut an, denn erstens: Er wollte so schnell wie möglich wieder nach Visby, zweitens ließe sich dadurch bestimmt am Preis etwas machen.

Kapitän Peterson bot sich an mit Kapitän Larsen für morgen Nachmittag gegen 15 Uhr einen Termin zu vereinbaren. Ich war einverstanden und lud ihn noch zu einem nordischen Grog ein. Nachdem wir zwei oder drei Gläser getrunken hatten, fiel mir wieder das „Doppelte Gesichtssyndrom" ein. Ich verabschiedete mich von Peterson und den anderen und ging hoch in mein Zimmer. Meine Sachen legte ich auf den Stuhl und ging zu meinem Bett. Vorsichtig tastete ich das Bett ab, ehe ich mich da hineinlegte. Die Schmerzen vom Vortag waren doch noch ganz heftig.

Am anderen Morgen, nachdem ich gefrühstückt hatte, ging ich zur Hafenpolizei und erkundigte mich, ob es irgendwelche Probleme mit dem Boot gäbe. „Nein, mit dem Boot vom alten Larsen ist alles in Ordnung", sagte Kommissar Pickelviel. „Wenn Sie das kaufen, können Sie nichts falsch machen." Nach der Information ging ich direkt zum Hafen, denn ich wollte mir das Schiff noch einmal in Ruhe anschauen. Etwa um 15:20 Uhr sah ich kleine Qualmwolken aufsteigen, ich rannte zum Steg zurück und dachte: „Es brennt!" Ich suchte einen Feuerlöscher, um vielleicht ein Feuer zu löschen. Gott sei Dank fand ich keinen: Fehlalarm, meine beiden Kapitäne kamen mit rauchenden Pfeifen über den Steg geschlendert. Von der Seite gesehen sah es aus, als käme ein alter Dampfer mit zwei Schornsteinen angefahren. Man konnte meinen, der Heizer hätte ein altes Sofa in den Feuerraum geworfen. Mein Kapitän Peterson sah noch etwas lädiert aus von gestern, der dritte Grog war wohl schlecht. Kapitän Larsen war ein Mann wie ein Baum mit schneeweißem Bart und Haaren. Sein Gesicht war von Seewasser und Sonne braun gegerbt, man sah ihm an, dass er jahrelang zur See gefahren war. Aber wie ich später feststellte, war er ein sehr netter und lustiger Mensch. Damals wusste ich noch nicht, dass wir noch gute Freunde werden würden. Nach der üblichen Begrüßung im reinsten norddeutschen Platt, das ich zur Hälfte nicht verstand, lud er mich ein auf Deck zu kommen. Ich machte mir Sorgen, wie das wohl gehen würde mit diesem Platt, wenn wir mit dem Handeln beginnen würden. Anschließend gingen wir unter Deck in den Salon.

Es war ein wunderschöner Anblick, alles aus feinster Buche, teilweise Lederpolster und das Metall aus poliertem Messing. Er zeigte mir die Kombüse, den Karten- und Navigationsplatz und den Maschinenraum. Die Maschine war ein 50 PS Volvo Innenborder. Das ganze Schiff war in einem sehr gepflegten Zustand. Technisch war es nicht gerade auf dem neuesten Stand. Aber das wollte ich sowieso noch einbauen lassen. Ich war begeistert, was ich natürlich nicht zeigen durfte, denn das hätte mich viel Geld gekostet. Aber mittlerweile hatte Kapitän Peterson schon den ersten Grog fertig - und zwar einen steifen Grog. Wir setzten uns an den Tisch und tranken erst mal den Grog. Kapitän Larsen erzählte Geschichten aus seiner Seemannszeit und was er schon alles mit der „Jupiter 1" erlebt hatte. Es musste ein reines Geisterschiff sein: Was es alles für Stürme und Orkane gemeistert hatte, grenzte an Zauberei. Kapitän Peterson brachte den zweiten Grog an und langsam wurden unsere Zungen immer lockerer. Der Qualm der Pfeifen wurde im Salon dichter und dichter, ein Feuermelder hätte längst angeschlagen. Eins war klar, würde ich das Schiff je kaufen, wären das die letzten Pfeifen, die hier im Einsatz waren. Ich nahm an, dass es keinen einzigen Bohrwurm mehr gab auf dem Schiff. Die Holzwürmer waren wahrscheinlich alle an Lungenkrebs verstorben.

Mittlerweile sprachen wir uns nur noch mit Vornamen an. Peterson hieß Jan, Larsen Olaf und ich Manfredo. Nun wurde es langsam Zeit mit dem Handeln zu beginnen. Olaf nannte einen Preis, der natürlich viel zu hoch war und ich sagte: „Für dieses Geld würde ich auch die Gorch-Fock bekommen." Wir konnten ja zu dieser Zeit noch nicht wissen, dass dies im Jahre 2012 möglich gewesen wäre. Es wurde weiter verhandelt; es ging zu wie auf einem türkischen Basar. Draußen wurde es schon dunkel, auch die Gläser mit Grog waren nicht mehr zählbar. Ich erzählte ihm, dass ich vor zwei Jahren in Visby meinen Urlaub verbracht hatte - das war eine Notlüge - und dass es dort so schön war. Dies hatte ihn wohl etwas traurig gemacht, nach mehreren Grog verständlich. Jetzt hatte ich ihn so weit, dass er einlenkte. Wir einigten uns auf die Hälfte der geforderten Summe und beide unterschrieben wir den Vertrag, Kapitän Peterson unterschrieb als Zeuge mit. Kapitän Larsen händigte mir die Schiffspapiere und die Schlüssel aus. Wir vereinbarten, dass wir in der nächsten Woche zum Notar gehen würden, er würde einen Termin besorgen und die Sache war perfekt. Am anderen Morgen würden wir zur Bank gehen und er sein Geld bekommen. Unter Seeleuten zählte das Wort. Er bot mir an, dass ich schon auf dem Boot übernachten könnte, was ich sofort annahm. Nachdem wir auf der Bank gewesen wären, würde er mir alles zeigen und erklären. Die Beiden verabschiedeten sich, ließen die zweite halbe Flasche Rum zurück und schwankten in Richtung nach Hause oder in die Bar von gestern.

Ich holte meine Sachen aus der Pension und übernachtete auf meinem (wenn nicht noch etwas schief ging) „neuen Schiff". Schnell kaufte ich mir ein paar Sachen für das Abendessen und zum Frühstück. Die Hauptsache aber war der Kaffee für morgens in der Hoffnung, dass noch Gas in der Flasche war, damit ich auch Kaffee kochen konnte. Bis spät in die Nacht begutachtete und kontrollierte ich das Schiff. Es war alles in bester Ordnung. Den Motor ließ ich auch kurz laufen mit dem Erfolg, dass der Hafenmeister kam und mich fragte, was ich bitteschön auf diesem Schiff zu suchen hätte. Gott sei Dank hatte mir Kapitän Larsen die Schiffspapiere gegeben, sonst hätte ich schon am ersten Abend Probleme bekommen. Die Nacht war einmalig schön auf dem eigenen Boot. Als der erste Sonnenstrahl durch die Bullaugen schien, sprang ich aus der Koje, stellte Wasser für meinen Kaffee auf und sprang auf den Steg, um mich zu waschen. Anschließend ging ich zum Bäcker und holte mir ein paar Brötchen. Das war das beste Frühstück von Schottland und zurück. Nach dem Frühstück spazierte ich direkt zur Bank, wo ich auf Kapitän Larsen stieß. Wir regelten kurzerhand das Finanzielle und alles war erledigt bis auf das Notarielle, aber auch das würde in Ordnung gehen. Wir gingen wieder aufs Schiff, das nun mir gehörte. Käpt'n Larsen zeigte mir alles, was für mich im Moment wichtig war, zum Beispiel wo der 750-Liter-Wassertank verstaut war. Der 550 Liter Dieseltank war achtern[2] eingebaut. Groß[3], Fock[4], Spinnacker[5] und Genua[6] lagen vorne im Bug gut zu handhaben.

Käpt'n Larsen kannte auch eine gute Werft, die mir alle nautischen Sachen, die ich haben wollte, einbauen würde. Das Schiff sollte umgebaut werden zu einem Einhandsegler mit mehreren Motoren. Die Fock und das Großsegel sollten elektrisch bedient werden können. Auch musste ein Autopilot und zusätzlich zwei große Batterien eingebaut werden. Auf dem Kajütendeck würden Solarzellen für Strom und Wasser montiert. Larsen bot sich an mit mir in die Werft zu fahren, was ich sehr nett fand. Wir legten am anderen Morgen ab und verließen unseren

---

[2] Bei einem Schiff hinten
[3] Großes Segel am Mast
[4] Kleines Segel vorne
[5] Großes, buntes Segel vorne
[6] Großes Segel vorne

Liegeplatz. Ich fuhr nun zum ersten Mal mit meinem eigenen Boot durch die Hafenanlagen von Kiel. Der Motor lief wie ein Uhrwerk, Diesel war noch genug vorhanden. Wir machten eine kleine Spritztour an Laboe vorbei in die Kieler Bucht. Anschließend fierten wir Groß und Fock und das Boot schoss durch den Wind. So konnte es noch Stunden weitergehen, aber wir mussten in die Werft. Schweren Herzens brachen wir den Törn ab und fuhren zurück in den Hafen, wo sich die Werft befand. Wir gingen sofort zur Rezeption und ließen uns mit dem Chef Hein Knüdelback verbinden. Wir wurden in sein Büro geführt, bekamen zuerst mal einen steifen Grog, dann sagte ich ihm, was ich haben wollte. Seine Augen leuchteten wie zwei Positionslichter für Gefahrgut. Er rechnete mit einem guten Auftrag. Die „Jupiter 1" war ihm bekannt, Larsen war bei ihm schon lange Kunde. Er notierte sich meine Wünsche und zeigte mir einige Modelle, die ich eingebaut haben wollte. Anschließend vereinbarten wir, dass er einen Kostenvoranschlag nach Faid schicken sollte. Ich holte meine Sachen von Bord, ein letzter Blick auf mein neues Schiff, dann ging ich auf den Steg. Kapitän Larsen und ich gingen zum Abschied noch kurz in unsere Bar, wo wir auch Kapitän Peterson trafen, tranken zusammen einen steifen Grog und ich verabschiedete mich mit dem Versprechen, dass ich mich auf jeden Fall bei ihnen wieder melden würde. Sie wollten das Boot im neuen Zustand sehen. Ich eilte zum Bahnhof und fuhr zurück nach Faid. In Cochem angekommen stieg ein Bootseigner aus, ging zum Bus und fuhr nach Hause.

2. Kapitel

Nach einigen Wochen war das Angebot da, ich überprüfte die Angaben. Im Großen und Ganzen war es bis auf ein paar Kleinigkeiten in Ordnung. Ich drückte den Preis noch etwas nach unten und erteilte den Auftrag. Sofort bekam ich die Auftragsbestätigung mit der Zusage, dass das Schiff Mitte August fertig sei. Nun hatte ich noch viel vorzubereiten, Papiere mussten beantragt werden, Hafenpapiere für verschiedene Länder, Versicherungen, Impfungen, Werkzeuge, Ersatzmaterialien, Adressen von Botschaften usw. besorgt werden. Aber das Wichtigste war Proviant für die nächsten drei bis vier Wochen zu bunkern und einen Routen- und einen Zeitplan zu erstellen. Ich müsste spätestens im Oktober 2011 in See stechen. Den ganzen Papierkram konnte ich von Faid aus erledigen. Proviant konnte ich im Kieler Freihafen bunkern. Alles in allem dauerte der Papierkram etwa drei bis vier Wochen, dann hatte ich alles zusammen. Seekarten besorgte ich mir aus dem Internet, nun war alles perfekt.

Mit Käpt'n Larsen vereinbarte ich, dass ich am 14. September nach Kiel kommen und mein Boot abholen würde. Wir verabredeten uns für nachmittags in der Werft. Nach einem freudigen Wiedersehen mit Kapitän Larsen und Kapitän Peterson gingen wir in die Werft und schauten uns mein Boot ganz genau an. Es war eine Pracht, was da alles eingebaut worden war. Vom GPS-Navigationsgerät für Hochseefahrten, Autopilot, Motoren für Antriebe der Fock, Groß über Winschen und Steuerrad war alles dabei. Auch war die Rettungsinsel komplett überholt worden. Für die Kommunikation war ein Funkgerät PAN-ID RF 80 B-EU eingebaut worden, damit konnten auch E-Mail sowie Internet nach Anmeldung benutzt werden. Ein Iridium Satellitentelefon 9575 und ein Gerät Garmin GPSMAP 421, um elektronische Seekarten online zu empfangen, waren ebenfalls eingebaut worden. Weiter waren für Strom und Warmwasser je ein Solarmodul installiert worden. Auch zwei kleine Windgeneratoren, die ich besonders optimal fand sowie ein Spannungswandler von 24V Gleichstrom auf 230V Wechselstrom 1500 -3000 W waren eingebaut worden. Der Schiffsrumpf war gereinigt und poliert, der Wassertank desinfiziert und mit einem Schuss Rum frisch aufgefüllt. Der Dieseltank war ebenfalls gereinigt und gefüllt, sodass ich erst mal ein paar Tausend Seemeilen fahren konnte. Als alle Formalitäten erledigt waren, wurde der Grog aufgetischt und eine kleine Feier abgehalten. Kapitän Larsen und Kapitän Peterson gratulierten mir zu meinem neuen Boot, was den beiden alten Seeleuten wie ein technisches Wunderwerk vorkam.

Eigentlich konnte das Boot auch alleine segeln. Wir machten uns klar, um in den Jachthafen zu segeln. Nachdem wir das Boot festgemacht hatten, gingen wir noch in unsere Bar im Museumshafen. Hier wurde dann erst mal richtig gefeiert. Auch unser Werftbesitzer ließ sich die Feier nicht nehmen. Anschließend vereinbarte ich mit Olaf (Kapitän Larsen), dass ich am anderen Morgen mit ihm in den Freihafen fahren würde, um meinen Proviant für die kommenden vier Wochen zu bunkern. Es musste eine Hochrechnung erstellt werden, wie viele Buddel Rum und Wein gebunkert werden sollten. Alles in allem war es ja zollfrei, das musste ausgenutzt werden. Wir verabschiedeten uns und gingen nach Hause, vielmehr ging ich auf mein Boot und versuchte zu schlafen, was mir aber nicht gelang. Es war viel zu aufregend, es gab so viel zu sehen und auszuprobieren. Diese Nacht war zu kurz. Pünktlich um acht war Olaf am Steg, wir legten ab und fuhren zum Freihafen. Als wir ankamen, mussten wir einige Zeit warten. Diese Zeit nutzten wir, um zu frühstücken. Dann kamen wir an die Reihe. Aufzuzählen, was wir alles gekauft hatten, würde zu weit gehen, aber eins vorweg: Es waren 20 Buddel Rum und 150 Dosen Bier. Wein würde ich in Faid besorgen. Kapitän Larsen wollte an diesem Tag wieder nach Visby zurückfahren. Der Freihafen lag in der Nähe des Nord-Ostsee-Kanals, ich überlegte kurz, ob ich Olaf nicht schnell nach Hause bringen sollte, doch das wäre ein zu großer Umweg gewesen. Wir verabschiedeten uns mit dem Versprechen, dass wir in Kontakt bleiben würden. Die Telefonnummern wurden ausgetauscht, ich gab ihm noch die Nummer meines Satellitentelefons für den Fall, dass ich auf See einen Rat von ihm bräuchte. Dann der übliche Seemannsgruß: „ Eine Handbreit Wasser unter dem Kiel!" und er fuhr mit dem Bus zum Bahnhof, um nach Dänemark zu fahren.

Mittlerweile kam ein Zollbeamter, um mich aufzuklären, dass ich wegen der zollfreien Sachen nicht mehr nach Kiel zurückfahren dürfte. Ich nickte, legte ab, fierte das Groß und die Fock und fuhr in Richtung Dänemark. Bei mäßiger Fahrt durchfuhr ich die Kieler Förde, dann machte ich nach einiger Zeit einen Bogen, um direkt in den Nord-Ostsee-Kanal zu kommen. Was mir auch gelang, ohne dass der Zoll auf mich aufmerksam wurde. Nach einiger Zeit kam die erste Schleuse in Sicht, ich hatte Glück, es war noch Platz für mein kleines Boot. Im Vergleich zu den großen Ozeanriesen war mein Boot ja wirklich klein. Nun hatte ich erst mal wieder etwas Zeit und konnte mir die Schleuseninsel genauer ansehen. Da waren die roten

Backsteinhäuser aus der Gründerzeit: das Wasser- und Schifffahrtsamt Kiel Holtenau. Nachdem ich geschleust worden war, fuhr ich noch ein paar Kilometer in Richtung Brunsbüttel. Nun lagen ca. 95 km vor mir, die konnte ich in zwei Tagen erledigen, da ich im Kanal nicht schnell fahren durfte. Jetzt konnte ich auch meinen Dieselmotor testen: Wie lief er, was verbrauchte er, wie warm wurde er. Mein Echolot zeigte neun Meter unter mir an und stimmte mit der Beschreibung des Kanals überein. Ein Anruf von der Werft aus Kiel erreichte mich und der Chef Hein Knüdelback war am Telefon, seine erste Frage war: „Läuft alles und ist alles perfekt?" Ich bejahet und antwortete ihm: „Alles läuft wie geschmiert, bin voll zufrieden." Er wünschte mir noch viel Glück und gute Fahrt. Dann noch der Seemannsgruß und alles Gute.

Ich stellte fest, dass ich nun eigentlich schon meine erste Etappe fuhr, obwohl ich von Bremerhaven aus starten wollte. Dort würde meine Reise erst beginnen. Für diesen Tag machte ich Schluss und auf dem Flemmhuder See wurde übernachtet. Die Nacht verlief sehr ruhig, obwohl Sportsegler in großer Zahl vorhanden waren.

In den frühen Morgenstunden brach ich auf und fuhr den Kanal weiter in Richtung Brunsbüttel. Nach einigen Stunden Fahrt unterquerte ich die älteste Eisenbahnbrücke Europas. Unter dieser Brücke befand sich um Hängefähre, die von einer Seite des Kanals zur anderen Seite an Drahtseilen hängend schwebte. Sie stammte bereits aus der Kaiserzeit und hatte bis zum heutigen Tag noch keinen Unfall gehabt. Weiterfahrend kam ich an dem Begrüßungs-Point für Schiffe aus aller Welt vorbei. Auch für mich wurde die deutsche Nationalhymne gespielt. Ein englischer Frachter wurde ebenfalls mit seiner Hymne begrüßt. Bald kam ich an Islersheim vorbei, wo ein riesiger Ölhafen lag. Nach ca. zwei Stunden konnte ich in eine der Schleusenkammern einfahren. Nach weiteren zwei Stunden fuhr ich in den Jachthafen von Brunsbüttel ein. Hier wurde wieder übernachtet und ich schaute mir Brunsbüttel an, um am nächsten Morgen um fünf Uhr weiterzufahren und versuchte Bremerhaven zu erreichen. Kurz hinter der Mündung kam ich in die Elbe und fuhr noch ein paar Kilometer, bis ich in der Nordsee war, dann fierte ich Groß und Genua bei mäßig konstantem Wind. Das Boot lief locker sechs Knoten oder sechs Seemeilen (11,12 km). Ich kam an Cuxhaven vorbei und war nach einigen Stunden am Nachmittag in der Wesermündung. Nun musste ich die Segel einholen, da jetzt nur mit Motorkraft gefahren werden durfte. Das Einholen der Segel war ja dank meiner Technik an Bord kein Problem. Innerhalb von ein paar Minuten waren die Segel fein sauber eingerollt und verstaut. Noch zwei bis drei Stunden und ich fuhr in den Jachthafen Großensiel ein.

Hier blieb das Boot erst einmal liegen, bis der große Törn startete. Ich ging ins Hafenbüro und erledigte alle Formalitäten, entrichtete meine Liegegebühren - ca. 25 € pro Tag mit Überwachung. Am Morgen des 20. September wurde noch einmal fürstlich gefrühstückt, dann wurde klar Schiff gemacht und die Sachen wurden gepackt. Mit dem Bus fuhr ich zum Bahnhof von Bremerhaven, um von da aus mit dem Zug nach Hause zu fahren. Ende September würde ich wieder nach Bremerhaven zurückfahren und starten.

In Faid angekommen wurden alle Utensilien, die ich für die große Reise brauchte, zurechtgestellt und verpackt. Alle Dokumente wurden noch einmal überprüft und verstaut. Das Logbuch und meinen alten Kompass wollte ich mitnehmen, er war auf meinen früheren Fahrten immer dabei, so auch jetzt, auch wenn ich ihn vielleicht nicht mehr brauchen würde. Mein Navigationsbesteck und den Sextanten wollte ich auch mit einpacken. Aber vielleicht brauchte ich die Sachen unter Umständen doch noch, denn sollte meine Technik versagen, würde ich wie ein Blindfisch durch die Meere schippern. Um dies zu vermeiden, nahm ich meine kompletten nostalgischen Navigationsutensilien mit. Am 28. September 2011 wollten wir wieder nach Bremerhaven fahren und hier noch einen Urlaubstag einlegen. Und am 30. September wollte ich meinen großen Törn beginnen.

Als alle Utensilien gepackt waren und im Auto verstaut werden sollten, stellte ich fest, dass leider unser Auto zu klein war. Was nun? Es musste ein anderes Auto her. Kurz entschlossen mietete ich mir einen VW-Bus. Mechthild, meine bessere Hälfte, sowie Jason, unser Hund, würden mich jetzt für längere Zeit vermissen. Der Törn würde gut zehn Monate dauern. Mechthild brachte mich mit dem VW-Bus und dem gesamten Gepäck wieder nach Bremerhaven zurück. Nachdem alles verstaut und noch einmal kontrolliert war, ob auch nichts vergessen wurde, beschlossen wir am Dienstag, den 27. September um sechs Uhr loszufahren. Nach langer anstrengender Fahrt (485 km) kamen wir am späten Nachmittag im Jachthafen Großensiel in Bremerhaven an. Wir gingen sofort zu unserem Boot, das noch in gutem Zustand war. Aber erst musste ich ins Hafenbüro gehen und anmelden, dass ich wieder zurück war.

Anschließend gingen wir an Bord, ich kochte erst mal eine Kanne Kaffee für uns. Mechthild schaute sich unterdessen das Boot an. Sie hatte es ja noch nicht gesehen. Jason untersuchte auf seine Weise das Boot, fand auch schon, wo sein Platz sein könnte. Es war eine Stelle unter der Bank in der Kajüte, er konnte von dort alles beobachten, ohne dass man ihn sah. Wir tranken unseren Kaffee und plauderten noch etwas über das Schiff und den Törn. Nun mussten wir aber erst mal das Auto ausräumen, ehe es dunkel wurde. Es wurde alles an seinen Platz geräumt, dorthin, wo es hingehörte und nach einiger Zeit war alles komplett. Mechthild brachte das Auto auf den Parkplatz und kam zurück zum Boot. Jason rannte hin und her, er fühlte sich schon wie zu Hause. Nur das Springen vom Steg auf das Boot war ihm nicht geheuer. Die beiden blieben noch zwei Nächte bei mir. Aber schlafen konnten wir nicht gut, Mechthild störten die Wellen und das Schlagen der Leinen am Mast, bei Jason hatte ich das Gefühl, er vertrug das Schaukeln nicht und war ein wenig seekrank. Bei mir war es die Aufregung: „Wird alles gelingen oder etwa nicht?" Am nächsten Morgen wollten wir starten, die beiden nach Hause, ich in Richtung Mexiko.

Um sieben Uhr wurden wir aktiv, ich stellte Kaffeewasser auf und holte beim Bäcker noch schnell ein paar Brötchen. Inzwischen ging Mechthild mit Jason Gassi, was bei so viel Wasser schnell erledigt war. Wir frühstückten ausgiebig, jeder gab dem anderen Ratschläge für die kommende Zeit. Besonders musste sie mir versprechen, dass sie gut auf unseren Jason aufpassen würde. Mittlerweile war es schon zehn Uhr und wir mussten langsam in Gang kommen. Ich ging ins Hafenbüro, erledigte meine Formalitäten und musste zum Zoll, um mich auszuklarieren. Der Zollbeamte klärte mich auf, dass ich unverzüglich den Hafen verlassen müsste, ein Zurück war nicht möglich oder aber ich müsste die ganze Ladung verzollen. Also kam der Abschied. Mechthild und ich drückten uns noch ein paar Tränen ab, da wir uns ja jetzt etwas länger nicht sehen würden. Jason und Mechthild begleiteten mich ein letztes Mal zum Boot.

Doch Jason hielt nichts von Abschied, rannte zurück in den Bus und machte es sich bequem. Ich ging an Bord, machte das Boot los, rollte die Taue auf und hatte das Gefühl einen schwarzen Schatten gesehen zu haben. Ich schaute mich um, konnte aber nichts feststellen und dachte noch: „Mein Gott, fängt das jetzt schon an?" Mittlerweile war es auch schon 12:15 Uhr. Wir winkten uns noch zu, dann fuhr Mechthild mit Tränen in den Augen Richtung heimwärts und ich am 30. September 2011 um 13:00 Uhr in Richtung Nordseemündung.

3. Kapitel

Auf dem ersten Rastplatz Dammer Berge entdeckte Mechthild, dass Jason nicht da war. Wie konnte das sein? Er war doch in den Bus gestiegen. Mittlerweile war ich schon auf der Höhe von Wangerooge außerhalb der Dreimeilenzone. Groß und Fock waren gesetzt und ich legte ca. sieben Knoten zurück. Die erste Wende hatte ich gerade verrichtet, als mein Handy klingelte. Ich meldete mich, am anderen Ende war Mechthild furchtbar aufgeregt und berichtete mir, dass Jason verschwunden sei. „Verstehe ich nicht, er war doch zum Auto zurückgerannt", sagte ich. Dann fiel mir ein, ich hatte doch einen Schatten gesehen, als ich die Taue aufgerollt hatte. Erst schaltete ich den Autopilot ein, ging dann sofort unter Deck in die Kajüte, schaute unter die Bank und was sah ich: Jason lag friedlich schlafend unter der Bank. Sofort rief ich Mechthild wieder an und berichtete, was ich gefunden hatte.

Nun bekam ich schon das erste Problem: Ab sofort hatte ich einen Schiffshund, noch dazu den wildesten Klabautermannbeißer von Schottland und zurück. Umkehren konnten wir nicht mehr, weiterfahren war auch nicht einfach, ich hatte keinerlei Papiere für ihn. Dazu kam, dass für ihn auch nichts an Bord war. Futter hätte ich ja noch gehabt und auch Wasser war kein Problem. Aber weder ein Hundeklo noch eine Schwimmweste waren vorhanden. Sollte ich jetzt schon bei diesem kleinen Problem scheitern? Nein, es würden noch viel größere Probleme kommen.

Mechthild und ich telefonierten noch einmal und wir beschlossen, dass er bleiben und mit mir weiterfahren sollte. Jason interessierte das wenig, er hatte mittlerweile Hunger. Langeoog hatte ich erreicht und fuhr mit sechs Knoten an Norderney vorbei. Das Boot lag steuerbord hart am Wind und die Reling schnitt durchs Wasser. So wie es aussah, hatte Jason im wahrsten Sinne des Wortes die Schnauze voll. Er sah um sein Schnäuzchen ziemlich blass aus: ob er etwa seekrank war? Langsam wurde es dunkel und unsere Positionslampen gingen an. Es wurde eine lange Nacht, denn ich musste durchsegeln, bis ich in Belgien anlegen konnte. Ich würde in Oostende an Land gehen und einige Gegenstände für Jason einkaufen. Wir segelten gerade an Ameland vorbei und ich sah auch schon den Leuchtturm von Hollum. Unser nächstes Ziel war Texel, das wir auch nach drei Stunden passierten. Konnte ich bisher ein wenig schlafen, so war das schnell wieder vorbei, ich fuhr nun in den Ärmelkanal hinein. Der Ärmelkanal ist etwa 304 Seemeilen oder 563 Kilometer lang und an der breitesten Stelle 248 Kilometer breit. In der Straße von Dover, der schmalsten Stelle, sind es nur 34 Kilometer Breite. Hier herrschte ein reger Verkehr. Meine Warnsysteme schlugen dauernd Alarm.

Auf dem Radarschirm tauchte ständig ein neues Schiff auf. Selten kreuzte mal ein Segler um diese Zeit auf, dafür aber große Frachter und Fähren. Stockdunkle Nacht herrschte um mich herum, außer einer Vielzahl von Positionslichtern war nichts zu sehen. Steuerbord fuhren wir an England vorbei und ich machte mir Gedanken, warum der Herrgott die Engländer dahin verschoben hatte, aber er hatte wohl einen Grund dazu.

Backbord sah ich die Lichter von Den Haag. Der Wind frischte in dieser Nacht stark auf, sodass ich an die acht Knoten fuhr. Sehr früh am Morgen des 01. Oktober fuhr ich in die Einfahrt von Oostende ein, startete den Motor und holte die Segel ein. Sofort drehte ich steuerbord in den ersten Hafen Montgomerydok ein. Ich machte direkt unterhalb des Fischrestaurants „Van Eyck" fest. Das Restaurant lag an der Visserskaai. Wenn möglich, wollte ich hier zu Mittag essen. Unmittelbar in der Nähe war ein Bootsausrüster, zu dem ich gleich darauf mit Jason hinging und wo ich die fehlenden Materialien besorgen konnte. Eine Liste hatte ich mir erstellt, um sie jetzt abzuarbeiten. Für die Reling brauchte ich ein Netz, einen sogenannten Leichenfänger, des Weiteren eine Schwimmweste für Jason, zwei Edelstahlnäpfe und eine Edelstahlplatte 600 x 600 mm sowie einige Profile, eine Handvoll Schrauben, noch zwei VA-Scharniere und dann hatte ich alles, was ich brauchte. Ich lieh mir von dem Verkäufer eine Sackkarre und brachte alle Teile, die doch recht schwer waren, zu unserem Boot. Anschließend gingen wir Futter einkaufen. Auf dem Weg zur Tierhandlung rechnete ich kurz durch, wie viel Futter notwendig war. Trockenfutter konnten wir wegen der Feuchtigkeit nicht bunkern. Also musste Dosenfutter her. Nach kurzer Hochrechnung kam ich auf einhundert kleine Dosen Fertigfutter, pro Tag eine Dose. Bei dieser Menge gab es auch einen guten Preis.

Wir brachten alles aufs Boot und die Karre zu ihrem Besitzer zurück. Ich füllte alle Tanks auf, vorsichtshalber gab ich noch einen Schuss Rum in den Wassertank - sicher ist sicher. Inzwischen war es auch schon Mittagszeit. Nachdem ich alles verstaut hatte, ging ich zu Tisch ins Fischrestaurant „Van Eyck" und nahm Jason mit. Im Radio kam gerade der Wetterbericht und sagte schwere Unwetter für die Nacht vorher. Kurz entschlossen blieb ich noch über Nacht im Hafen von Oostende. Die Zeit, die ich jetzt frei hatte, nutzte ich, um mein Logbuch auf den neuesten Stand zu bringen. Am frühen Nachmittag schlug das Wetter um, es wurde dunkel und stürmisch, ein schweres Gewitter zog auf, es blitzte und krachte. Für uns war dies ein guter Grund auszuschlafen.

Am Sonntag, den zweiten Oktober 2011 frühstückten wir auf die Schnelle und um 8:00 Uhr stachen wir wieder in See. Das Wetter hatte sich beruhigt, so konnten wir gleich mit vollen Segeln in den Ärmelkanal einfahren. Mit uns fuhr auch eine Fähre aus dem Hafen in Richtung England nach Ramsgate. Ich nahm Kurs auf die engste Stelle im Kanal, Calais – Dover, dementsprechend war auch der Schiffsverkehr. Nach dem Wetter von gestern waren die Wellen noch sehr hoch, dadurch hatten wir eine unruhige Fahrt. Dies hielt fast den ganzen Tag an. Jason sah auch diesmal nicht gut aus, anscheinend war er nicht seetauglich. Gegen Nachmittag beruhigte sich der Verkehr ein wenig, es war sehr kalt geworden und ich machte mir einen steifen Grog.

Nun geschah Folgendes: Der Grog war fertig und zur gleichen Zeit gab mein Radar ein Warnsignal ab. Ich ging sofort wieder ans Ruder und steuerte das Boot um das Hindernis herum. Es war ein Frachter, der unseren Weg kreuzte. Ich stellte meinen Autopiloten wieder ein und ging in die Kajüte, um meinen Grog zu trinken. Aber das hatte sich schon von alleine erledigt, Schiffshund Jason hatte ihn komplett vernichtet. Vor mir stand ein wildes

Ungeheuer, bereit jeden Klabautermann zur Strecke zu bringen. Noch ein markerschütterndes Gebrüll - das Gebrüll eines Löwen schien dagegen wie das Fiepen eines Meerschweinchens – bei dem zwei Bücher und eine Tasse aus dem Schab[7] fielen, ein kurzes Schwanken, zwei gefährlich blitzende Augen, dann kippte er um und fiel in einen friedlichen Schlaf, der bis zum nächsten Morgen andauerte. Die Sorgen, die ich mir um ihn machte, waren aber umsonst, wie ich am andern Tag feststellte.

Lange waren wir schon an Dover vorbei und fuhren langsam aus dem Ärmelkanal heraus. Der Verkehr wurde weniger und auch die See beruhigte sich. Zeit für mich wieder mein Logbuch zu führen, alles wurde notiert, was sich ereignet hatte.

Auch das mit Jason wurde eingetragen für den Fall, dass er Regressansprüche geltend machen würde. Jason schlief so fest, dass ich mir in aller Ruhe einen neuen Grog zubereiten konnte. Nach dem Abendessen überprüfte ich alles, kontrollierte die GPS-Daten und legte mich ein wenig zum Schlafen hin. In der Früh um halb sechs wurde ich durch ein Geräusch geweckt. Dieses hatte ich vor Jahren öfters gehört: Es war das Geräusch eines Verdurstenden. Ich sah meinen Jason zum Wassernapf schleichen, er hing seinen Kopf in den Napf und zog ihn komplett leer (ca. 1,5 Liter). Da fiel mir mein Freund Sloggi ein, der hatte nach einigen Grogs vergessen sich abends eine Flasche Wasser ans Bett zu stellen. So geschah es, dass er morgens einen so großen Brand hatte, dass er kurzerhand ein Aquarium mit Fischen austrank. Total betrunken kamen die Schleierfi-

---

[7] Regal oder Schrankfach in Kajüte oder Kombüse

sche am nächsten Tage wieder zum Vorschein. In dieser Verfassung war Jason jetzt. Nach ein oder zwei Stunden ging es ihm aber wieder sehr gut, er hatte kräftig Hunger und war voller Tatendrang. Doch er hatte noch einen Erfolg zu verbuchen, von nun an war seine Seekrankheit Vergangenheit! Man sollte das in die veterinäre Behandlung für Schiffshunde übernehmen. Nun raffte ich mich auch auf und machte uns erst mal ein leckeres Frühstück. Bei gutem Wind in der Nacht hatten wir insgesamt ca. 270 Seemeilen zurückgelegt. Mittlerweile waren wir auf der Höhe von Portsmouth in England und auf der französischen Seite von Le Havre, nach weiteren zwei Stunden war ich gegenüber von Saint-Malo 48°39'55''N, 2°1'10''W.

Saint-Malo liegt an der Côte d'Émeraude im Norden der Bretagne. Von hier aus startete jedes Jahr das Transatlantikrennen Route du Rhum und endete in Guadeloupe. Eine Stunde später war ich an der Landspitze von Frankreich bei Brest vorbei, dann begann der offene Atlantik. Dort hatte ich endlich Zeit meine Vorstellungen für ein Hundeklo zu realisieren. Wir hatten Windstärke fünf von achtern und ich fuhr mit dem Groß Steuerbord und der Genua Backbord. Unsere Geschwindigkeit betrug ca. sieben Knoten und das Boot lag ziemlich gerade und ruhig auf Kurs, für mich ideale Bedingungen zum Arbeiten. Nun würde es sich zeigen, ob meine Umrichter von Gleich- auf Wechselspannung funktionierten. Bohrmaschine, Flex, Schrauben und Blechplatte holte ich aus dem Laderaum. Nun riss ich zuerst die Blechplatte an, maß aus, wo die Winkel angeschraubt werden sollten und bohrte die Löcher für die Eckwinkel. Mit der Flex schnitt ich die Profile auf Maß und bohrte auch die Befestigungslöcher dafür. Anschließend bearbeitete ich die Schnittkanten und verschraubte alle Teile miteinander. So einfach, wie sich das liest, war es jedoch nicht und es dauerte fast sechs Stunden. Aber wenn ich auf See etwas hatte, dann war es Zeit.

Zwischendurch musste ich immer wieder Kurs, Segel, GPS und Wind überprüfen. Aber es lief bis jetzt einwandfrei, wenn das so bliebe, wäre ich ja schon in drei Tagen in Mexiko, scherzte ich im Stillen. Wieder zurück bei meiner Arbeit schraubte ich die zwei Scharniere an die VA-Blechplatte, spannte das Netz herum und fertig war mein Hundeklo mit automatischer Wasserspülung. Ich sollte es zum Patent anmelden. Die Platte wurde Steuerbord achtern befestigt. Sie stand etwas zur See über, dadurch wurde sie mit jeder Welle gesäubert. Nun wurde alles aufgeräumt, verpackt und gereinigt. Es kam eine leichte Flaute auf, sodass ich die Segel ändern musste, Genua wurde durch den Spinnacker ersetzt, das Groß blieb erst mal.

Der Moment war gekommen, ich rief meinen Jason zu mir und zeigte ihm sein neues 600 x 600 mm großes Klo. Der Blick, den ich von ihm bekam, war etwa so — als kniete man in der Kirche auf der Empore bei der Wandlung und der Schlüsselbund fiele einem aus der Hand auf die darunter stehende Bank. Dass er aus lauter Freude springen würde, hatte ich ja auch nicht geglaubt. Aber als Schiffshund hätte ich von ihm etwas mehr Respekt erwartet. Seine ganze Haltung signalisierte mir: „Da gehe ich nicht drauf, lieber spucke ich es aus." Ich war ziemlich sauer, mittlerweile wurde es auch schon dunkel und ich musste das Boot für die Nacht fertigmachen. Unsere Position war 200 Seemeilen 28°21'33''N, 15°47'52''W von Brest und 1200 Seemeilen von den Kanarischen Inseln entfernt. Der

Wetterbericht hatte für die Nacht ruhiges Wetter gemeldet. Alle Einstellungen wurden überprüft und ich ging runter in die Kajüte. Jetzt wollte ich das Logbuch wieder ergänzen und etwas zu essen machen. Jason war sauer, dass ich es gewagt hatte, ihm so etwas zuzumuten. Ich war sauer, weil er ein so undankbarer Schiffshund war.

Doch gnädigerweise nahm er von mir sein Futter entgegen. Nach dem Essen gingen wir noch mal nach oben, um frische Luft zu schnappen. Und prompt machte er auf die Planken. Jetzt war ich erst recht sauer auf ihn, was ihn aber nicht störte. Ich holte mir die Pütz[8] aus dem Lagerraum und spülte den Boden sauber. Für den anderen Tag schwor ich ihm Rache, von nun an würde ich das nicht mehr hinnehmen. Ich ging wieder in unsere Kajüte und machte mir einen Grog. Da ich nicht gut drauf war, wurde es ein steifer Grog. Jason lag wieder auf seinem Lieblingsplatz unter der Bank. Kurz darauf hörte ich ihn friedlich schnarchen. Unser Stress schien ihn wenig zu stören. Ich schaute noch ein wenig fern und versuchte auch zu schlafen.

Am frühen Morgen wurde ich durch meinen Radar geweckt, in einiger Entfernung sah ich einen spanischen Zerstörer auf mich zukommen. Sofort schaltete ich den Autopiloten aus und änderte meine Route. Ich steuerte 10° Steuerbord und musste dadurch nach einer Seemeile eine Wende vollziehen. Wir wurden mit einem kurzen Signal begrüßt, der Steuermann winkte freundlich und wir waren auch schon vorbei. Die Sonne ging gerade auf und ich merkte, dass wir langsam den Kanarischen Inseln nä-

---

[8] Eimer

herkamen. Noch drei bis vier Tage und wir kämen im Jachthafen Santa Cruz de la Palma an. Das Klima der Kanaren ist aufgrund seiner Nähe zum nördlichen Wendekreis zwischen dem 27. und 29. Breitengrad das ganze Jahr über angenehm, im Sommer kaum höher als 25° C, im Winter um die 17° C. Nun waren wir aber noch nicht da und jetzt mussten wir erst einmal Klo gehen üben. Ich versuchte nun mit ein paar Tricks meinen Schiffshund Jason auf sein Klo zu bekommen. Noch sah er aus, als würde er einen Teufel tun und wenn ich zwei Haifische anheuere, er ginge da nicht drauf, basta. Nun kannte ich ja meinen Jason, kannte seine Schwächen und seine Vorliebe für Wurst und andere Leckereien. Ich legte am äußeren Ende der Platte eine dicke Scheibe Wurst hin, ging runter in die Kajüte und beobachtete ihn. Er schaute auf die Wurst, guckte, ob ich nicht in der Nähe war und robbte auf dem Bauch dahin und weg war die Wurst. Dreimal so schnell, wie er dahin gerobbt war, war er auch wieder zurück. Das war 1:0 für ihn. Ich machte noch einen Versuch, legte wieder eine Scheibe Wurst aus und schon stand es 2:0 für ihn. Wenn das so weiterging, futterte der Bursche unseren Wurstbestand hintereinander weg. Also musste ich mir etwas anderes einfallen lassen.

Das Schiff lief ruhig durch die See, sodass ich mich ganz auf diese schwere Aufgabe konzentrieren konnte. Unten in der Kajüte bereitete ich mir einen Grog und setzte mich erst mal auf die Bank, überlegte, was ich noch machen könnte. Mittlerweile kam Jason den Niedergang[9] herunter und setzte sich vor mich hin, wedelte mit seinem Schwänzchen und schaute wie gebannt auf meinen Grog.

---

[9] Treppe, um zur Kajüte und Kombüse zu gelangen

Da schoss mir ein Gedanke durch den Kopf. Ich sprang auf, holte einen Eierbecher, füllte ihn mit einem Grog im Mischungsverhältnis 1/10 Rum, 9/10 Wasser. Den Becher stellte ich auf die Platte. Jason ging sofort auf den Becher zu und leerte ihn aus. Er sah noch einmal durch das Netz, hob ein Bein und kam zurück. Das war der erste Erfolg, aber die Gefahr bestand, dass er nur noch mit einem Grog sein Klo benutzte. Das konnte ich natürlich nicht zulassen. Noch am gleichen Tag versuchten wir es mit dem großen Geschäft, aber ohne Grog lief nichts. Zwar verdünnte ich den Grog immer mehr, aber das konnte nicht sein. Dann glaubte ich den ersten Rückschlag zu erleben, eine nicht vorhersehbare Welle ging über das Klo. Jason bekam die Welle komplett über. Er war nass bis auf die Haut, aber das Klo war blitzsauber. Gott sei Dank lastete er mir das nicht an. Da es nicht sehr kalt war, machte ihm das Wasser gar nicht so viel aus. Nach ein paar Tagen und immer dünner werdendem Grog war das Thema Anti-Klobewegung vorbei. Ein weiterer Grund Grog in die veterinäre Behandlung für Schiffshunde zu übernehmen.

Wir kreuzten einmal nach Backbord, dann wieder nach Steuerbord, so ging das den ganzen Tag. Dadurch verloren wir sehr viel Zeit, aber der Wind ließ nichts anderes zu. Zum Glück hatten wir wunderbares Sonnenwetter. Da auf diesem Schiff fast alles automatisch ging, hatte ich auch nicht viel zu tun. So konnte ich mein Logbuch auf den neuesten Stand bringen und ein wenig aufräumen. Ich kontrollierte meine Energieversorgung und war zufrieden mit dem Ergebnis. Meine beiden Windgeneratoren lieferten einen Strom von vier Ampere, die Solarzellen für Strom brachten zwei Ampere zustande und die Solarzellen für Wasser hatten auch schon 30°C produziert.

Nun war ich schon einige Tage allein mit meinem Jason unterwegs, so furchtbar viel gesprochen wurde ja nicht unbedingt. Mir selber etwas erzählen, Witze-Storys oder Seemannsgeschichten, fand ich nicht gerade sinnvoll. Um nicht meine Stimme zu verlieren, was für jeden allein fahrenden Seemann ein Problem war, beschloss ich einfach etwas zu singen. Ich machte meinen MP3-Player an und sang so laut ich konnte. Nach einiger Zeit stand Jason neben mir und jammerte herzzerreißend, ging auf sein Klo und übergab sich. Sofort prüfte ich, ob er Fieber hatte oder einen sogenannten Schiffshund-Koller, den die Hunde bekommen, wenn sie lange Zeit keinen Klabautermann jagen konnten. Ich behandelte ihn sofort, ging den Niedergang herunter und zog den Korken aus der Rumflasche. Dieses Geräusch war für ihn wie ein elektrischer Schlag, sofort waren alle Wehwehchen wie weggeblasen.

Nach drei Tagen sahen wir die ersten Kanarischen Inseln vor uns, es war Lanzarote, Fuerteventura und Gran Canaria. Ich änderte den Kurs auf 12° Steuerbord, um direkt La Palma anzusteuern. Wieder vier Stunden später vollzog ich noch eine Wende, um dann geradewegs in den Jachthafen Santa Cruz de la Palma zu segeln 28°41'24''N, 17°46'12''W. In der Hafeneinfahrt reffte[10] ich die Segel und fuhr mit Motorkraft auf einen freien Liegeplatz. Sofort kam mir ein deutscher Segler zu Hilfe und machte mein Boot provisorisch am Steg fest. Nach der Begrüßung und kurzer Information sicherte ich das Schiff für die Nacht. Wir hatten nun nach fünf Tagen das erste Mal wieder festen Boden unter den Füßen. Jason und ich gin-

---

[10] Einholen der Segel

gen sofort zum Zoll, um uns einzuklarieren[11]. Der Zollbeamte war sehr nett und ein freundlicher Mann, er fragte: „Ist das Ihr Hund?", und ich antwortete: „Ja, das ist Jason." - „Gut", sagte er „dann haben Sie doch bestimmt Papiere für ihn." Jetzt lief mir eine kalte Schauer über den Rücken. „Ja klar", erwiderte ich und kramte in meiner Dokumententasche. „Es ist schon gut", winkte der Mann ab, „wir wünschen Ihnen einen schönen Aufenthalt." Mir fielen sämtliche Steine vom Herzen direkt auf den Holzboden. Anschließend gingen wir ins Büro des Hafenmeisters und entrichteten unsere Liegegebühr, eine stolze Summe von 80 € für zwei Nächte. Ein Ruhetag war eingeplant, es musste Wasser und Diesel nachgetankt werden. Als wir zurückgingen, sah ich eine Bäckerei direkt in der Nähe. Hier werde ich morgen Brot und Brötchen einkaufen!

Wir gingen an Bord und ich musste nach diesem Schreck beim Zoll erst mal einen Grog trinken. Sofort stellte ich Wasser auf und machte mein Glas fertig zum Aufschütten, es wurde ein nordischer Grog. Aber da hatte ich die Rechnung ohne Jason gemacht, auch er wollte einen haben. Also holte ich seinen Becher (Eierbecher) heraus und machte ihm einen steifen Grog, man beachte: 1/10 Rum, 9/10 Wasser. Nachdem wir unseren Grog getrunken hatten, ging es uns schon wieder viel besser. Bei Jason hatte ich das Gefühl, er wäre am liebsten noch mal zu dem Zollbeamten zurückgelaufen und hätte sich mit ihm angelegt. Da es noch früh am Nachmittag war, gingen wir in die Stadt und schauten uns ein wenig um. Da war das alte Rathaus mit seinen bunten Fahnen an der Hauswand,

---

[11] Zollfreie Sachen anmelden

Bänke und Blumenbeete davor und ein reger Betrieb von Touristen und Einheimischen. Weiter gingen wir in die Fußgängerzone und kauften noch einige Kleinigkeiten, die uns fehlten. Wenn man so lange alleine auf dem Meer schippert, hat man das Bedürfnis auch mal rückfällig werden zu dürfen. Ich kaufte mir gleich drei neue Pfeifen und ein paar Hundert Filter dazu, den Tabak würde ich im Hafen zollfrei einkaufen. Eine kleine Hochrechnung musste ich noch anstellen: Wie viel Tabak brauchte ich? Es lagen bestimmt noch 60 bis 65 Tage vor uns, wenn alles gut ging.

In der Fußgängerzone gingen wir dann in einem Straßencafé fürstlich Kaffee trinken, anschließend liefen wir zurück zu unserem Boot. Abends lud ein kleines Restaurant im Hafen zum Essen ein. Die Gaststätte war brechend voll, sodass wir uns mit vier Seefahrern an einen Tisch setzen mussten. Es dauerte nicht lange und wir waren im Gespräch. Jeder schmiss eine Runde La Condor de Quader, so hieß hier der Grog, der aber hauptsächlich aus spanischem Cognac bestand. Das bedeutete, jeder hatte fünf Grog vernichtet, Jason sah auch nicht aus, als sei er leer ausgegangen. Keine Ahnung wie das sein konnte, von mir hatte er sie nicht. Bei dem spanischen Grog war das anders, hier zeigte sich nicht das „Doppelte Gesichtssyndrom", nein schlimmer: Alles drehte sich im Kreis. Wir gingen zu unserem Boot und erlebten eine Katastrophe. Keine Sekunde konnte dieses Boot ruhig liegen bleiben, immer raste es im Kreis herum. Wir standen an der Pier[12] und versuchten verzweifelt das Boot zu fangen. Es klappte nicht, immer wenn ich eine Wante[13] packen wollte,

---

[12] Hafenmauer
[13] dickes Seil zum Mast

griff ich ins Leere. Jason, der nicht so schlecht dran war, schaffte es mit einem Satz auf das Boot. Noch ein Mal probierte ich auf mein Schiff zu gelangen, sobald die Vorderwanten auf meiner Höhe waren, musste ich zupacken. Das Schiff kam und ich packte zu und mit einem Satz war ich an Bord. Am Bug sprang ich ab und am Heck landete ich, nun kann man sich vorstellen, was das Boot für eine Geschwindigkeit hatte.

In dieser Nacht kam zum ersten Mal der Klabautermann zu uns. Anders kann es nicht gewesen sein, er hatte mich aus der Koje[14] geschubst und A.-J. (so hieß Admiral Jason seit dieser Nacht) hineingeworfen. Nach einiger Zeit stand ich nun langsam, sehr langsam auf und stellte mich auf meine Füße, ich hatte das Gefühl, sie könnten dem Druck nicht standhalten. Aber nach einiger Zeit klappte auch das wieder. Die Sonne schien mit aller Macht durch die Bullaugen und es war schon recht heiß in der Kajüte. Nun duschte ich erst mal die Patina von unserem La Condor de Quader ab. Danach stellte ich mein Kaffeewasser auf, erinnerte mich an die Bäckerei, die ich am Vortag gesehen hatte, stiefelte los und holte Brötchen zum Frühstück. Ich war an der Reihe und bestelle drei Körnerbrötchen, die Señorita gab mir die Tüte und mich traf der Schlag. Auf der Tüte stand: Wir backen ausschließlich mit Eifelähre - das Korn mit Heimat. Lutz mein Bäcker! Dass die Bäckerei Lutz aus Büchel in der Eifel viele Filialen hatte, war mir bekannt, aber hier hatte ich wirklich nicht damit gerechnet. Wieder auf dem Boot wurde in Ruhe gefrühstückt. Heute war ein Ruhetag eingeplant und morgen ginge es dann weiter in den nordatlantischen Ozean. Nun

---

[14] Bett

machten wir einen kleinen Bummel durch die Innenstadt und schauten uns die alten Häuser von Santa Cruz an. Am späten Nachmittag setzten wir uns in das kleine Straßencafé La Placenta Borrero und ich trank einen abscheulichen Kaffee.

Nun war es auch Zeit für ein kleines Abendessen, wir gingen ein paar Gassen weiter und machten es uns in dem Lokal La Placeta Restaurante gemütlich. Auf dem Platz stand ein alter Brunnen, umgeben von wunderschönen Palmen. Nach dem Essen gingen wir noch ein wenig am Strand spazieren und dann zurück zu unserem Boot. Wir gingen heute früh schlafen, weil wir morgen in der Früh ablegen wollten. Die Nacht war ruhig, sodass wir gut und fest schlafen konnten. Für die Erlebnisse, die vor uns lagen, konnten wir das auch sehr gut gebrauchen. Um sechs stand ich auf, stellte Wasser für meinen Kaffee auf, holte wieder meine Brötchen und Brote für die nächsten Wochen, ließ mir das Brot schneiden und fror es portionsweise ein. Danach tankte ich Wasser und Diesel, ging zum Zoll mich auszuklarieren, machte das Boot los und schipperte mit Motorkraft aus dem Jachthafen Santa Cruz de la Palma hinaus in den Atlantik.

4. Kapitel

Es wehte eine steife Brise, sodass ich die Segel voll setzen konnte. Mein Geschwindigkeitsmesser zeigte sieben Knoten an. Leider kam der Wind nicht aus einer brauchbaren Richtung, sodass ich ständig eine Wende nach der anderen fahren musste. Es änderte sich auch in den nächsten Tagen nicht viel, wir dümpelten mehr oder weniger dahin. Doch am fünften Tag nach dem Ablegen von Santa Cruz, es war der dritte November, wurde es ungemütlich, der Wetterbericht meldete, dass mit starkem Sturm zu rechnen war. Wir waren noch nicht weit genug von Europa entfernt, sodass uns die Herbststürme doch noch erwischten. Ich sicherte alles Notwendige so gut es ging. Die Segel wurden überprüft, das Groß um ein Drittel gerefft[15] und die Sturmfock gesetzt, A.-J. bekam zum ersten Mal seine Schwimmweste an, mit einem dünnen Tau sicherte ich ihn an einem Klampen.

So, nun konnte der Sturm kommen, bisher hatten wir noch keinen gehabt. Schlafen wurde Mangelware. In der Kombüse machte ich mir einen nordischen Grog, A.-J. bekam seinen medizinischen Grog, der gegen Flöhe und Zecken gedacht war und zum Aufspüren von Klabautermann und Co. In der Seefahrt weiß man, dass der Klabautermann gerne oder gerade bei Sturm auftaucht. Mit dem Grog in der Hand und der Pfeife im Mund saß ich am Ruder und segelte in schneller Fahrt dahin. Es war zwölf Uhr mittags, ich machte uns noch schnell etwas zu essen. Dann wurde es langsam dunkel, die Wolken wurden dichter und dichter, erste Blitze waren zu sehen und Donner

---

[15] wird gemacht, um das Segel bei starkem Sturm zu verkleinern

war meilenweit zu hören. A.-J. musste runter in die Kajüte, was ihm überhaupt nicht passte. Das Boot vollkommen dichtgemacht saß ich in einen Ostfriesennerz gehüllt an meinem Steuerrad und prüfte die Automatik des Autopiloten. Dies alles hatte ich ja noch nicht ausprobiert, so ganz blind wollte ich es auch nicht benutzen. Die erste große Welle kam auf mein Boot zu, jetzt würde es sich zeigen, ob die Automatik richtig reagierte. Steuerrad und das Tau vom Groß ließ ich locker, sofort griff der Autopilot in die Steuerung ein, änderte den Kurs 15°N, um ihn dann 20°S abzufangen. Dass Groß wurde straff gezogen und wir fuhren sauber durch die Riesenwelle.

Diese Vorgänge beobachtete ich mehrmals, bevor ich mich gänzlich darauf verließ. Es war ein Getöse, Krachen und Heulen, das vom Sturm verursacht wurde, dass ich das Gefühl hatte, die Ohren gingen mir fliegen. Aber so war es nicht, sie rollten sich nur zu. Nun sah ich, wie das Groß und die Sturmfock noch ein bis zwei Umdrehungen gerefft wurden. Jetzt brauchte man die Segel nur noch, um den Kurs zu halten. In einem günstigen Augenblick machte ich die Kajütentüre auf und ging den Niedergang, nachdem ich die Türe hinter mir geschlossen hatte, herunter. Dieses Unwetter blieb uns zwei Tage treu. Sobald sich der Sturm etwas drehte, hatten wir eine kleine Pause, Zeit genug ein wenig frische Luft zu schnappen. Am zweiten Tag waren wir schon so gut eingefahren, dass der Sturm zeitweilig nicht mitkam und wir auf ihn warten mussten. Diese Ruhepausen benutzten wir, um etwas zu essen und zu trinken. Dann am dritten Tag gegen Mittag wurde das Wetter wieder besser, der Sturm legte sich und die Sonne kam sofort mit aller Kraft heraus. Das Boot wurde inspiziert und kleine Schäden behoben. Überall lagen Fische auf Deck herum und schnappten nach Luft; jetzt hätten wir mal reichlich frischen Fisch zum Essen gehabt, aber die sahen mit ihren Glupschaugen so jämmerlich aus, dass ich sie vor lauter Mitleid alle wieder über Bord warf. Wie kann man nur solche armen Kreaturen einfach aufessen? Ich ging hinunter in unsere Kombüse und machte zu Mittag eine Dose Fisch auf.

Von Weitem sah ich die ersten Delfine und beobachtete sie. In einiger Entfernung sah ich eine riesige Wasserfontäne hochsteigen, die wohl von einem Wal stammte. Krach machte der Bursche auch noch. Der Nachmittag verlief ausgesprochen ruhig, es gab keinerlei Vorkommnisse. Aber irgendwie hatte ich das Gefühl, wir wurden beobachtet. Aber wer und wie sollte das gehen, weit und breit war keine Menschenseele. Die See war mittlerweile ruhig und glatt. Mein Fernglas vor den Augen suchte ich den Horizont ab. Nichts fiel mir auf, nur ein paar Fische, die Sprünge im Wasser machten. Ich stellte einen neuen Kurs ein, schaltete den Autopilot zu und überprüfte die Ruderanlage. So, nun war das Boot für die Nacht klar. Ein Blick auf das Radar zeigte mir, dass wir alleine auf der Welt waren. Auf meiner Sitzbank achtern hatte ich uns eine Decke hingelegt, damit wir auch ja weich und warm sitzen konnten. Es wurden gerade die neuesten Nachrichten aus der Heimat verlesen, der Winter hatte dieses Jahr früh zugeschlagen. Es wurde über Laufzeitverlängerung der Atommeiler gesprochen. Kanzlerin Merkel betonte, wie wichtig die für uns wären. Ob man ihr einen Posten im Aufsichtsrat der Atomindustrie angeboten hatte?

Auch wurde über die ersten Weihnachtsmärkte berichtet. Jetzt kam Mechthilds große Stunde, nun konnte sie auf jeden Weihnachtsmarkt fahren, ohne Rücksicht nehmen zu müssen. Aus dem Radio kam leichte Musik von Zuhause, ich machte mir den zweiten Grog und zündete noch ein kleines Pfeifchen an. A.-J. und ich genossen einen wunderschönen Sonnenuntergang. Doch es wurde sehr schnell dunkel, sodass wir unter Deck gehen mussten. Nach den sehr anstrengenden Tagen und Nächten gingen wir heute etwas früher schlafen.

In der Nacht gegen drei Uhr stieß etwas mit Wucht gegen das Boot, ich sprang auf, um nachzusehen, was das wohl war. Sofort schaute ich über die Steuerbordreling und sah neben unserem Boot einen dicken Walfisch, das musste Moby Dick Junior sein. Wie um meine Vermutung zu bejahen, blies er mir eine Fontäne direkt ins Gesicht (dabei wollte ich mich noch gar nicht waschen), schimpfend verjagte ich ihn, dabei schlug er noch einmal mit seiner Schwanzflosse durch das Wasser mit dem Ergebnis, dass jetzt alles nass war. Mit dem Handtuch trocknete ich mich kurz ab, legte mich immer noch schimpfend wieder hin und konnte vor Wut nicht mehr einschlafen. A.-J. hatte mit all dem nichts zu tun, er schlief einfach weiter.

Ein traumhafter Sonnenaufgang machte die Sache dann schnell wieder vergessen. Von Weiten sah und hörte ich Moby Dick spielen, ich bildete mir ein, er lachte mich au. Vom schönen Wetter angetan setzte ich Wasser für den Kaffee auf und legte mir zwei Brötchen auf den Toaster. Gefrühstückt wurde auf Deck unter der Pantry - es war ein zauberhaftes Frühstück. In der Nacht hatten wir einige Seemeilen geschafft, sodass wir mittlerweile bei 31°41′15′′N und 22°31′22′′W angekommen waren. Aber man sollte den Tag nicht vor dem Abend loben, dieser Tag hatte es in sich! Noch ein Tässchen Kaffee, ein Pfeifchen und den Morgen genießen, mehr war gerade nicht angesagt. In Gedanken versunken und aufs Meer schauend glaubte ich etwas ins Wasser verschwinden zu sehen. Ich konnte aber nichts erkennen und mir auch keinen Reim darauf machen und hakte es ab.

Heute war Wäsche waschen angesagt, ich machte mir eine Schüssel mit warmem Wasser und einer Tube Rei, dem einzigen Waschmittel, das mit Seewasser funktioniert. Nachdem ich alles gewaschen hatte, musste ich noch mit dem guten Süßwasser auswaschen und dann ab auf die Leine. Bei diesem Wind war die Wäsche im Nu trocken. Mit der Wäsche auf der Leine sah mein Schiff aus, als würden wir eine Windjammerparade unter voller Beflaggung fahren. Als die Wäsche trocken war, hängte ich sie sofort ab, damit sich nicht noch das eine oder andere Stück verabschiedete. Beim Abhängen der Wäsche war es plötzlich wieder da: Ich wurde beobachtet!

Blitzschnell drehte ich mich um und sah unweit meines Bootes ein Sehrohr aus dem Wasser ragen. Das war es also: ein U-Boot. Ich nahm meinen Enterhaken zur Hand und drohte wie wild in Richtung Sehrohr. Sofort tauchte das Boot ab und war nicht mehr zu sehen. Klar, die Jungs sind im Manöver, Anschleichen soll geübt werden, was ihnen aber gänzlich misslang. Ich war gespannt, ob ich das Boot mal zu Gesicht bekomme. Die andere Frage: Wo kamen die Typen her? Deutsche konnten es eigentlich nicht sein, dafür hatten sie sich zu dusselig angestellt. Der Tag verlief einigermaßen ruhig ohne Zwischenfälle. Wir waren nun schon ein gutes Stück von Europa entfernt, sodass es immer wärmer wurde. Der Wind blies kräftig aus nördlicher Richtung, unsere Geschwindigkeit konnte sich sehen lassen. Das Boot machte gute acht Knoten in der Stunde und ich musste kaum Wenden fahren.

Gegen Abend wurde es ziemlich frisch, so beschloss ich: Heute Abend gibt es Reibekuchen! Ein solches Essen auf hoher See war schon was tolles. Nun kramte ich in der Kombüse im Lebensmittelschab nach der Packung mit den Reibekuchen, die ich auch gleich fand. Ich stellte meinen Gasgrill aufs Oberdeck, um den Gestank nicht in die Kajüte zu bekommen. Nach einiger Zeit hatte ich schon eine gute Portion fertig und musste feststellen, dass es wieder viel zu viele waren. Aber erstens kommt es anders und zweitens als man denkt.

In einer kurzen Entfernung sah ich, wie mein U-Boot auftauchte, sich die Luke öffnete, ein Beiboot zu Wasser gelassen wurde und zwei Matrosen und ein Offizier zu mir herüberkamen. Ich dachte mir, Manieren haben die wie eine Kuh am Sonntag genau zur Essenszeit. Als das Boot bei mir anlegte, fragte mich der Offizier: „Sir, darf ich an Bord kommen?" Ich guckte mir den Burschen genau an, nickte und sagte noch zu ihm: „Zieh die Schuhe aus und komm hoch." Er stellte sich vor: „Steuermann der königlichen britischen Marine James Blubbfell." Ich stellte mich ebenfalls vor: „Kapitän Manfredo und das ist Admiral Jason." Als Erstes machte ich ihm klar, dass mich das etwas befremdete: „Es ist deutsches Hoheitsgebiet und ich werde es nicht dulden, dass sie so einfach mit ihrem Sehrohr auf mein Schiff schauen. Andernfalls wird mein Außenminister Guido (Westerwelle) ihren Außenminister William (Hague) ins Auswärtige Amt zitieren. Auch sind zwei Tornados unterwegs nach hier." Nach dieser Begrüßung musste er sich erst einmal setzen. Er entschuldigte sich tausendmal und versprach, dass so etwas nicht mehr vorkäme. So sagte ich: „Was kann ich für Sie tun?" Er kam sofort zur Sache: „Mein Kapitän George Nelson lässt fragen, ob Sie vielleicht etwas Bronchialtee für ihn hätten?" Ich fragte ihn: „Ist das der Enkel von Lord Horatio Nelson?" „Nein, Ururenkel!" Der Steuermann und seine zwei Matrosen schielten schon die ganze Zeit auf meine Reibekuchen. Ich ging hinunter in meine Kombüse und holte ein Päckchen Bronchialtee nach oben. Ich fragte den Steuermann noch: „Haben Sie auch Rum für den Tee an Bord?" Er nickte und schluckte, weil ihm das Wasser im Mund zusammenlief.

Nun konnte ich das Elend nicht mehr mit ansehen und gab jedem der drei jeweils vier Reibekuchen ab. Schnell holte ich Alufolie hoch und packte noch vier für den Käpt'n ein. Ich machte mir aber Sorgen, was mit der restlichen Besatzung war. Konnte nur hoffen, dass die nicht alle morgen Halsweh haben. Die drei zogen sich mit einem Genuss die Reibekuchen rein, dass ich fast schwach wurde noch eine Pfanne anzuschmeißen. Aber da ertönte das Signal von ihrem Boot und sie verabschiedeten sich, boten mir noch ein Päckchen Tabak an, was ich auch annahm, denn es war meine alte Marke Exklusiv Royal. Um ein Haar hätte der Steuermann seine Schuhe vergessen. Wir winkten uns noch zu und sie waren verschwunden. Fünf Minuten später tauchte das Boot wieder ab. Auch ich nahm Fahrt auf und wir zwei waren wieder alleine, um sechzehn Reibekuchen ärmer und einer kalten Pfanne. Dann werden eben heute ein paar Würstchen gegrillt und ein Topf Nudeln gekocht! Nach dem hohen Besuch gab es erst mal einen nordischen Grog, auch für A.-J. einen kleinen, denn ich merkte, dass er langsam wieder Symptome einer Seekrankheit verspürte. Auch konnte er ein kleines Schlückchen gegen Flöhe und Zecken gebrauchen. Nach dem Abendessen wurde das Logbuch auf den neusten Stand gebracht. Den Besuch eines U-Bootes hatte ich ja nicht alle Tage, alle Vorkommnisse wurden eingetragen. Der momentane GPS-Standort lag bei 12°35′03″N, 56°12′56″W, das waren noch ca. 1800 Seemeilen bis Puerto Rico.

Wir befanden uns immer noch im Nordatlantik, aber das Wetter wurde von Tag zu Tag besser. Ein Nachteil war leider, dass Stürme häufiger auftraten. Aber auf den Wetterbericht konnte ich mich sehr gut verlassen. Da auch das Wasser wärmer wurde, sah ich jetzt immer öfter Delfine und Wale. Moby Dick hatte ich aber nicht mehr gesehen. Die Nacht blieb verhältnismäßig ruhig außer dem Palaver der Delfine. Ständiges Geflipper war die ganze Nacht hindurch zu hören. So hatte ich wenigstens das Gefühl nicht alleine zu sein. Am anderen Morgen ging es erst richtig los, wir saßen an Deck und wollten in Ruhe frühstücken, doch die Delfine waren da anderer Meinung. Sie umkreisten das Boot und machten Luftsprünge, drückten sich halb aus dem Wasser und schauten über die Reling direkt auf unseren Tisch. A.-J. fand das überhaupt nicht lustig, seine größte Sorge war: Die Knilche klauen sein Futter. Meine: Füttern wir die jetzt, werden die bei uns bleiben bis ans Ende der Welt, wo das Ende aber ist, weiß keiner so recht. Doch gegen Mittag, plötzlich wie auf ein Kommando, rasten alle in eine Richtung. Ich vermutete, dass die Flippers irgendwo ein Open Air Konzert abhielten, egal, wir hatten wieder unsere Ruhe.

Der Wind blies kräftig und das Boot schoss mit dreizehn Knoten durchs Wasser. Die Sonne knallte fast senkrecht auf uns, reflektierte auf dem Wasser und wir bekamen gleich die doppelte Menge Strahlen ab. Jedes Fleckchen Haut wurde bedeckt, damit ich mir bloß keinen Sonnenbrand einfing. Von Zeit zu Zeit vollzog der Autopilot in Zusammenarbeit mit dem GPS automatisch eine Wende. Es war fast geisterhaft, wie die Technik das alles ausführte. Würde ich über Bord gehen, würde das Boot weiter seinen Kurs fahren und in Mexiko anlegen. Anschließend stände tags darauf in der Presse: „Hund überquerte alleine den Atlantik." Die Temperaturen waren an manchen Tagen so hoch, dass kleinere Fische, die übermütig Luftsprünge machten, schon in der Luft gekocht wurden. Aus größeren Fischen, die von den Wellen auf Deck geworfen wurden, wurde Dörrfisch, wenn wir nicht schnell genug waren, um sie wieder ins Meer zu werfen. Mein Wasserboiler war voll mit heißem Wasser, auch die Solarzellen lieferten gute Arbeit, die Batterien waren voll. So ging es vier Tage durch, bis wir noch ca. 500 Seemeilen bis Puerto Rico hatten. Der Wetterbericht meldete für den anderen Tag Sturm, eher einen Hurrikan. Der letzte Hurrikan „Karl" war erst am 17.09.2010 durch diese Gegend getobt direkt über den Golf von Mexiko auf Veracruz zu und hatte massive Schäden verursacht. Ich hoffte, dass der neue nicht ganz so schlimm wütete wie sein Vorgänger.

Die Zeit der Stürme war Ende November sowieso vorbei. Wobei ein Hurrikan auf dem Wasser nicht so schlimm ist wie auf Land, glaubte ich. Nun hatte ich etwas mehr Zeit zur Verfügung als das letzte Mal, jetzt konnte ich in Ruhe alles verstauen und sichern. An diesem Abend gingen wir früher schlafen als sonst, vorschlafen war angesagt. Alle

Daten wurden überprüft, der Wetterbericht abgehört und dann ab in die Koje. In der Kajüte stand die Luft, es war unerträglich heiß. A.-J. kroch unter seine Bank und schlief kurze Zeit später fest ein. Diese Nacht sollte noch ruhig bleiben, aber dann würde es haarig werden. Am Morgen um 6:00 Uhr (in Deutschland 13:00 Uhr) war es schon hell, es herrschte eine absolute Flaute, das Boot dümpelte so vor sich hin. Unsere Freunde, die Delfine waren auch schon wieder da. Aber nicht so aktiv wie gestern, vielleicht waren sie wegen dem, was vor uns lag, unruhig. Tiere spüren Naturereignisse viel eher als Menschen.

Es kamen Nachrichten auf der Deutschen Welle, das Neuste aus der Heimat wurde gebracht: Innenminister Dr. Thomas de Maizière verwies in seiner Erklärung darauf, dass die Bundessicherheitsbehörden seit geraumer Zeit von einer stärkeren Bedrohungslage durch den internationalen Terrorismus ausgehen. Aber ich war ja weit weg. Auch stand der erste Advent vor der Tür: Die haben Sorgen! Von dem Hurrikan war weit und breit nichts zu sehen, aber ich wusste, dass sich alles sehr schnell ändern konnte. Plötzlich klingelte mein Satellitentelefon, am anderen Ende meldete sich Kapitän Olaf Larsen. „Hallo alter Junge, wollte mal hören, wie es so geht?" „Im Moment noch prima, aber das wird sich gleich ändern." „Wieso?", kam die Frage. „Es ist ein Hurrikan gemeldet", erwiderte ich. Auf der anderen Seite kurze Stille, dann kam umgehend die Antwort: „Du musst dir sofort alle Daten notieren, die du hast, drucke dir die aktuellste Seekarte in einem Umkreis von 50 Seemeilen aus und vergleiche die GPS-Daten mit deinem Kompass." Ich schaute kurz über meine Geräte, sah, dass alle Anzeigen vorhanden waren und sagte zu ihm: „Olaf, alles klar, werde gleich alles erledigen." Er erklärte mir noch, dass ich, sobald ich den ersten Ring passierte, eine größere Pause hätte - das sogenannte Auge. „Dann musst du sofort wieder alle Daten aufschreiben, das ist sehr wichtig." Es könnten wegen der unstabilen Manöver Geräte beschädigt werden. Wir erzählten noch, was alles so passiert war in der Zeit, ich berichtete, wie ich an meinen Schiffshund gekommen war und natürlich über die Begegnung mit dem U-Boot. Nachdem wir gut eine Stunde telefoniert hatten, verabschiedeten wir uns mit dem Versprechen, dass ich mich nach dem Sturm wieder bei ihm melde.

Sofort schrieb ich mir alle Daten auf und druckte mir schnell die Seekarte aus. Auf Deck überprüfte ich noch mal alle Schekel, Taue und Motoren für Groß und Sturmfock. Besondere Aufmerksamkeit bekam die Autopilotanlage, denn davon hing letztendlich alles ab. In der Kajüte, Koje und Kombüse wurde alles verstaut, nichts stand mehr lose herum. A.-J. bekam seine Schwimmweste verpasst, später wurde er auch noch gesichert. So, nun konnte das Monster kommen. Und es kam!

In ca. 20 Seemeilen Entfernung sah ich, wie die dunkle Wand auf mich zugerast kam, nichts konnte sie aufhalten. Sofort wurden alle Luken verschlossen, ich zog mein Ölzeug über, sicherte mich mit einem Tampen in der Nähe des Steuerrades und harrte der Dinge, die da kamen. Langsam kam der Wind auf, die Automatik versuchte das Groß aufzufieren, was ich aber sofort verhinderte. Ich stellte auf Noteinstellung um und das Groß war um zwei Drittel gerefft worden, auch die Sturmfock wurde stark eingerollt. Diese Einstellung wurde benutzt, um den Kurs zu halten. Aus dem Wind wurde langsam ein ausgewachsener Sturm. Rings um das Boot schlugen die Blitze ein mit Donner wie aus Kanonen, es war ein Höllenlärm. Ich schaute durchs Bullauge in die Kajüte und sah A.–J. unter seiner Bank liegen. Er zitterte am ganzen Körper, nicht durch die Kälte, sondern vor Wut. Oder sollte es Angst sein? Aber die durfte ein Schiffshund eigentlich nicht haben. Es regnete wie aus Eimern, es war fast so dunkel wie in der Nacht.

Das Boot wurde unruhig und instabil, es fing an sich zu drehen, wir waren im Wirbel des Hurrikans angekommen. Das musste der erste Ring sein, von dem Olaf gesprochen hatte. Nun drehte sich das Boot wie ein Karussell, es wurde schneller und schneller. Ich überlegte mir, ob ich nicht mal den Versuch machen sollte, vorne am Bug hochzuspringen, um dann achtern zu landen, ließ es aber sein, weil es zu dunkel war. Womöglich springe ich nicht hoch genug und lande dann neben dem Boot. Der ganze Zauber dauerte gut drei Stunden, dann plötzlich von jetzt auf sofort wurde es fast windstill. Das musste das sogenannte Auge sein. Sofort schrieb ich wieder alle Daten auf, ging den Niedergang hinunter, um nach A.–J. zu schauen, dem es doch ein wenig schlecht ging. Ich gab ihm schnell einen kleinen Grog (Eierbecher) und auf der Stelle ging es ihm wieder besser. Auch ich machte mir schnell einen Grog zur Stärkung und überdachte meine Situation.

Nach der Erfahrung der ersten Begegnung mit dem Hurrikan kam ich zu dem Entschluss, dass die ganze super Elektronik in diesem entscheidenden Moment nichts half. Also beschloss ich die Elektronik komplett abzuschalten. Die Gefahr, dass ein Blitz in die Antennenanlage schlug, war viel zu groß. Jetzt nahm ich meinen alten Kompass wieder in Betrieb, verglich GPS-Daten mit meinem Kompass und notierte mir alle Werte. Aus allen Geräten wurden die Antennen herausgezogen und abgeschaltet. Segeln wie in alten Zeiten war angesagt. Schon war die Ruhepause vorbei und der ganze Zauber begann von vorne, nur etwas heftiger als beim ersten Mal. Nach anderthalb Stunden Dauergetöse trat das Horror-Szenario ein: Mit einem furchtbaren Knall schlug ein Blitz direkt in die Antennenanlage ein. Geblendet von dem grellen Licht, das am Mast herunterlief, war ich wie gelähmt, durch den starken Regen konnte sich aber kein Feuer entzünden. Es blieb nichts anderes übrig als abzuwarten, bis das Drama nach drei Stunden zu Ende war.

Mein uralter Kompass hatte hervorragende Dienste geleistet. Wenn sich die Lage etwas beruhigte, werde ich meine Hightech-Geräte wieder in Betrieb nehmen. Dann wird es sich zeigen, ob meine Daten mit den Daten des GPS übereinstimmen. Die See brodelte noch wie im Hexenkessel, das Boot ließ sich nicht gut manövrieren. So wie es aussah, hatte ich dieses Mal doch ein paar Schäden mehr abbekommen. Gott sei Dank konnte ich die Segel wieder voll auffieren. Das Boot nahm Fahrt auf, dadurch wurde der Abstand zum schlechten Wetter immer größer. Auch die See beruhigte sich zusehends, sodass ich meine Antenne reparieren konnte. Es wurde eine neue Blitzschutzsicherung eingebaut, die alte war verglüht. Auch konnten alle Geräte wieder eingeschaltet werden.

Nachdem das alles erledigt war und das Boot auf Automatik stand, stellte ich fest, dass der Autopilot nicht sauber arbeitete. Ein Blick auf die Mechanik und ich sah den Fehler, ein kleines Gestänge hatte sich verbogen und verklemmte sich bei der kleinsten Bewegung. Im Laderaum holte ich mir ein Ersatzgestänge und wechselte es aus. Nun funktionierte wieder alles, wie es sich gehörte. Im Wetterbericht wurde gemeldet, dass der Hurrikan an Kraft zunahm und auf die Küste von Mexiko zuraste. Er hatte schon jetzt die Stärke von „Karl" erreicht, der im September über das Land hergefallen war. Inzwischen hatte sich das Wetter bei mir wieder ganz beruhigt, langsam wurde es dunkel und völlig entkräftet dachte ich vorsichtig daran schlafen zu gehen. Fische, die an Deck gespült waren, warf ich wieder zurück ins Meer. Aber es gab noch viel aufzuräumen und zu reparieren. Doch allmählich wurden meine Augen so müde, dass ich nur noch schlafen wollte. In der Nacht erlebte ich den Sturm noch einmal im Traum. Immer wieder wurde das Boot von Riesenwellen getroffen und umhergedreht, durch die Bullaugen schauten mich mit riesigen Augen Delfine, Wale und sonstige Fische an.

Plötzlich schlug etwas mit Wucht gegen die Backbordwand, ich sprang aus der Koje und rannte auf Deck. Ich schaute über die Reling und sah einen dicken Balken im Wasser schwimmen, den wohl ein Schiff bei diesem Sturm verloren hatte. So einen Balken zu treffen in voller Fahrt war eine gefährliche Sache, der ging locker durch die Bordwand. Am Morgen schien die Sonne wieder in ganzer Stärke. Meine Delfine machten ihre Sprünge und Geflipper wie immer, das Wasser war blau und es gab kaum noch Wellen. Die Anstrengung vom Vortag saß noch in den Knochen, A.-J. lag in der Sonne und schlief wie ein Bär. Nach nochmaligem Prüfen der Daten stellte ich fest, dass der Kurs nicht mehr exakt war. Ich war wohl bei dem Sturm ein bisschen nach Backbord abgedriftet und befand mich ca. 16°0'22" nördlicher Breite und 61°10'14" westlicher Länge. Ich befand mich auf der Höhe von Guyana mit der Hauptstadt Georgetown. Das sah nicht gut aus, sie war umgeben von Korallenriffen. Noch war ich im Atlantischen Ozean. Die Daten im GPS änderte ich sofort und fuhr den neuen Kurs 17°30'40"N und 66°0'11"W. Nachdem ich wieder alles im Griff hatte, gönnte ich mir eine kleine Pause mit einem guten Grog. Sofort merkte ich die Wirkung des Grogs, ich wurde übermütig und fing zu singen an, so laut es ging. Nicht ohne Folgen: A.-J. wurde melancholisch und rollte seine Ohren zu, was wirklich blöd aussah. Doch es kam noch schlimmer, ich entdeckte rings um mein Boot Hunderte von Fischen, die mit weit aufgerissenen Augen auf der Seite lagen. Immer noch singend schaute ich über die Reling, da kam ein Delfin angeschwommen und schaute mich furchtbar verzweifelt an. Etwas verdutzt schaute ich den Flipper an und hörte zu singen auf. Es dauerte vielleicht zehn bis zwanzig Sekunden, da machten die Fische plötzlich ein paar Luftsprünge und tauchten ab. Auch mein Flipper machte sich wieder auf den Weg und ich hörte ihn noch lange flippern.

Nur mein A.-J. war immer noch deprimiert, ich war ganz schön sauer auf dieses undankbare Gesindel, Kunstbanausen ohne Verständnis für Kunst. A.-J. bekam ich nur mit einem kleinen Grog wieder fit. An diesem Tag schien alles schief zu laufen. Von Weitem sah ich eine große Jacht auf uns zukommen, nichts Gutes ahnend gab ich meinem A.-J. noch einen kleinen Grog und die Wirkung ließ nicht lange auf sich warten. Wie bereits erwähnt, waren wir in der Nähe von Guyana. Die Jacht kam in rasender Fahrt auf uns zu, an Bord eine schreiende Meute, in ihren Händen Kalaschnikows wild umherschwenkend. Den Bootshaken (was ich damit ausrichten sollte, wusste ich auch nicht) nehmend postierten wir uns backbord, neben mir stand ein Panther mit seinen Vorderpranken auf die Reling gestützt und brüllte dem Feind entgegen. Eigentlich hätte dies genügen müssen eine ganze Flotte zu vertreiben. Je näher das Boot kam, umso mehr war ich überzeugt, dass es Piraten waren. Nun wurde mir klar, dass wir in Kürze ganz arm sein würden. Vielleicht lassen sie uns unser Schiff und ein paar Flaschen Rum zurück? Sie waren nun sehr nah, sodass ich ihre Gesichter sehen konnte. Kein einziges Gesicht war dabei, das nicht ins amerikanische Zuchthaus Sing-Sing gepasst hätte. Die Jacht war vielleicht zwanzig Meter von uns entfernt, als plötzlich Panik an Bord entstand. Sie schauten mit weit aufgerissenen Augen, es konnte doch nicht sein, dass sie vor meinem A.-J. flüchteten. Dann ein ohrenbetäubender Knall, die Kalaschnikows über Bord werfend rannten alle unter Deck, das Schiff wurde herumgerissen und die Banditos ergriffen die Flucht.

Aber was war das für ein Knall? Ich ging zur Steuerbordseite und sah in etwa hundert Metern mein U-Boot, das wohl einen Warnschuss abgefeuert hatte. Im Turm stehend winkte mir Kapitän Nelson mit seiner Mütze freudig herüber. Er verließ den Turm und das Boot tauchte ab. War es der Dank für den Tee oder die Reibekuchen? Egal, wir waren gerettet. So, nun erledigte ich erst mal meine Anrufe, als Erstes rief ich Mechthild an. Es musste ungefähr 18:00 Uhr in Deutschland sein, es war Freitag und sie müsste zu Hause sein, wenn sie nicht auf irgendeinem Weihnachtsmarkt war. Ich hatte Glück, sie war da. Wir tauschten unsere Erlebnisse aus, sie war etwas traurig, dass ich Weihnachten nicht da war. „Wie geht es Jason? Hat er auch genug Futter?" Nachdem wir alles geklärt hatten, versprach ich, dass wir Weihnachten wieder telefonieren würden.

Ein Pfeifchen stopfend rief ich Olaf in Dänemark an, erzählte ihm alles, was ich so erlebt hatte: Von den Piraten und dem U-Boot und dass ich in den nächsten Tagen Barbados anlaufen würde. Er gab mir den Rat den Jachthafen „Port St. Charles Marina" anzulaufen. Weiter erzählte er mir noch, wie viel Schnee in Dänemark lag, nicht vorzustellen bei 28° und Sonnenschein. Nun versuchte ich Klaus und Petra über Skype zu erreichen, was mir auch gelang. Die Positionen wurden durchgegeben und wir verabredeten uns in den nächsten Tagen noch einmal neu zu orientieren und dann genaue Termine zu vereinbaren. Es war Freitag, der zweite Dezember, ich überschlug noch einmal meine Strecke und kam zu dem Schluss, dass Mexiko am 27. oder 28. Januar zu schaffen sei. Alle Daten wurden überprüft und korrigiert. Das Boot lief bei optimalem Wind seine neun Knoten und legte eine gute Strecke zurück. Mein Kurs war exakt 15°30′25′′N und 60°0′22′′W auf direktem Weg zur Insel Barbados. So ging es einige Tage und ich hatte fast 1000 Seemeilen zurückgelegt. Bei uns an Bord gab es nichts Aufregendes, das erwähnenswert war. Am Dienstag, den 06.12.2011 passierte ich die Insel Barbados steuerbordseitig.

Ich fuhr nicht Port St. Charles Marina an, sondern segelte weiter an der Insel St. Lucia vorbei in Richtung Martinique. Martinique liegt zwischen dem Karibischen Meer und dem Atlantischen Ozean 25 km südlich von Dominica und 37 km nördlich von St. Lucia. Nach zwei Tagen fuhr ich an

Dominica entlang. Dominica ist eine Insel der Kleinen Antillen in der östlichen Karibik. In der Nacht gab es ein kleines Gewitter und mein GPS fiel wieder aus. Der Morgen war neblig und trüb, ich war ein wenig unsicher, wohin genau ich segelte. Es müsste Dominica sein, aber genau wusste ich es nicht. Kurz entschlossen machte ich eine Wende Richtung Backbord und fuhr den nächsten Hafen an, machte mein Boot fest und ging an Land. Nun war das ja nicht so wie an einer Ortseinfahrt, wo Schilder auf den Namen des Ortes hinweisen.

Aber als Seefahrer wusste ich mir zu helfen, ich ging in die nächste Bäckerei und kaufte mir drei Brötchen. Und so war es, auf der Tüte stand groß der Name der Bäckerei und der Stadt Marigot drauf. Auf dem Rückweg lief mir ein Typ über den Weg, ich dachte, diese Dumpfbacke kennst du doch! Ich drehte mich um, um nach ihm zu schauen, in diesem Moment rannte er auch schon los. Die Panik stand ihm auf dem Rücken geschrieben, seine Waden waren solche Geschwindigkeiten nicht gewohnt, sie flogen fünfzehn Zentimeter hinterher. Da fiel es mir wieder ein, das war einer der Piraten. Den Schock mit dem U-Boot würden sie nie mehr vergessen. Ich vermutete, dass keiner von denen mehr Piraterie betreiben, sondern in das nächste Kloster rennen und nur noch beten würde.

Wieder an Bord schaute ich sofort auf meiner Karte nach, wo ich war. Wir lagen genau in der Hafenstadt Marigot auf der Insel Dominica 60°13′40′′N und 16°55′05′′W. Nun stellte ich, nachdem ich mein GPS wieder repariert hatte, alle Werte neu ein und wir segelten sofort weiter. Jetzt, wo die Automatik funktionierte, machte ich uns erst mal ein Frühstück mit frischen Brötchen. Nach 50 Seemeilen fuhr ich durch die Dominica Passage an der Spitze von Guadeloupe aus dem Atlantischen Ozean in die Karibik. Weitere 40 Seemeilen und ich lenkte das Boot hart Steuerbord um die Landspitze von Guadeloupe herum. Guadeloupe ist ein voll integrierter Teil des französischen Staates und damit auch Teil der Europäischen Union. Weiter entlang der Küste fahrend 16°0′35″N, 61°42′22″W, kam die Hafenstadt St. Charles mit dem Jachthafen La Marina de Basseterre. Hier machte ich Halt für einen Tag und schaute mir die Stadt an.

Ich ging zum Zoll- und Hafenmeister, um mich einzuklarieren. Hafenmeister und Zollbeamter Roberto Lopez, Cousin von Jennifer Lopez, war ein und dieselbe Person. Das machte die Sache einfacher, ich brauchte nur einmal Trinkgeld zu geben, doch für A.-J. mussten noch zehn Euro draufgelegt werden. Laut Hafenmeister hatte er dafür aber absoluten Welpenschutz. Zurück auf meinem Boot überprüfte ich schnell meine Vorräte und stellte fest, Wassertank und Dieseltank waren ziemlich geleert. Also fuhr ich erst an eine Tankstelle, wo ich Diesel tankte. Der Diesel war recht günstig, er kostete nur 30 Cent der Liter. Aber auch der Tankwart hielt die Hand auf und ich war mit 5 € dabei. Um Wasser zu bunkern, fuhr ich wieder zurück an meinen Steg, schaute mir den Wasserschlauch genauer an und kam zu dem Schluss, da nehme ich doch besser meinen eigenen Schlauch. Der Hygiene wegen schüttete ich nicht nur einen Schuss Rum in den Tank, sondern vorsichtshalber eine halbe Buddel. Nachdem ich alles verriegelt und verrammelt hatte, gingen wir in die Stadt. Direkt am Hafen war ein kleines Restaurant „La Terrasse de La Marina". Ich beschloss hier essen zu gehen. Es gab ein schönes großes Steak mit den allerfeinsten

Zutaten. Selbst A.-J. bekam ein Stück gebratenes Huhn ohne Reis. Alles in allem hatten wir für 5,50 € gegessen, mit Trinkgeld war ich mit 10 € gut bedient. In der Stadt gab es allerhand zu sehen, wir gingen noch das eine oder andere einkaufen, Eier, Salz, Zucker und frisches Brot. Bei Zucker waren wir ja an der Quelle, denn Zucker wird hier hergestellt und ist eine der Haupteinnahmequellen Guadeloupe.

Noch ein Highlight des Landes ist die „Route du Rhum", die jeder Segler kennen sollte. Es ist ein Einhand-Transatlantik- Rennen, das in Frankreich Saint Malo in der Bretagne startet und in Guadeloupe Pointe-à-Pitre endet. In diesem Jahr waren an die 60 Teilnehmer am Start. Dieses Rennen war vor drei Tagen hier beendet worden. Der Sieger Roland Jourdain, ein Franzose mit seiner Jacht „Veolia Environnement", hatte diese Route in genau 13 Tagen 17 Stunden 10 Minuten und 56 Sekunden gewonnen. Davon konnte ich nur träumen, aber ich wollte ja kein Rennen fahren. Am nächsten Morgen ging ich noch schnell zum Bäcker und holte frisches Brot, die Zeit der Brötchen war nun leider vorbei. Anschließend ging ich zum Zoll und klarierte mich aus, wieder musste ich ein Trinkgeld von 10 € abdrücken. Die Begründung lautete, da uns nichts zugestoßen war. Danach legte ich ab in die offene See. Alle Segel wurden gesetzt und voll aufgefiert, denn der Wind war optimal und das Boot schoss durchs Wasser in Richtung Puerto Rico. Die schöne Stadt Salinas 18°06‘52"N, 66°10‘05"W, liegt an der Südküste von Puerto Rico und grenzt an das Karibische Meer. Nach drei Tagen schaffte ich es am späten Nachmittag den Jachthafen Marina de Salinas zu erreichen. Auch hier ging ich erst zum Zoll und dann zum Hafenmeister. Im Büro der Zollabfertigung musste ich mich einklarieren und alle Formalitäten erledigen.

Nun kam die Katastrophe mit aller Macht. Der Beamte verlangte von mir die Papiere von A.-J. Es gab keinen Weg aus dieser Situation, ich musste mir etwas einfallen lassen und mir fiel etwas ein. Nun übertrieb ich maßlos, entweder es klappte oder nicht. „Ja wissen Sie, das war so: Ich war Teilnehmer der Route du Rhum, mein Schiff lag ganz vorne vor meinem Konkurrenten Roland Jourdain." Ich machte eine kurze Pause und berichtete weiter: „Kurz vorher tobte der schreckliche Hurrikan, den werden Sie ja auch erlebt haben!" - „Und ob ich den erlebt habe, er hat mir mein Dach vom Haus gerissen." Er war sichtlich sauer auf den Hurrikan. „Aber berichten Sie weiter." - „Ja, ich war kurz vor Guadeloupe und machte gerade eine Wende nach Steuerbord, als ich nicht weit von mir einen Hund auf einem Brett fürchterlich jammernd und zitternd sitzen sah. Können Sie sich das vorstellen, wie leid er mir da tat?" - „Ach der arme Kerl! Und weiter?" - „Alle Segel hatte ich eingeholt und war mit Motorkraft zu ihm hin gefahren, sofort hatte ich ihn an Bord geholt, aber er wollte zurück." Wieder eine kleine Pause, wie es aussah, hatte ich ihn noch nicht überzeugen können, also gab ich noch ein Schüppchen drauf. „Immer wieder stand er an der Reling und wollte zurück." - „Aber warum wollte er zurück?", fragte der Beamte. „Ich schaute mal genauer hin und stellte fest: Das Brett, auf dem er saß, war eine Kajütentür." Nun machte ich ein furchtbar trauriges Gesicht. „Um ihn zu beruhigen, hob ich die Türe aus dem Wasser, sodass er es sah. Sofort legte er sich unter eine Bank in der Kajüte." Dem Zollbeamten erklärte ich, dass der Hund ein Schiffsbrüchiger war und dass die Tür wohl zu seinem Herrn führte. „Und was haben Sie danach gemacht?" - „Ich habe ihm erst mal Wasser und Futter gegeben und einen kleinen Grog." Der Beamte nickte mit dem Kopf und sagte: „Das war gut, sehr gut mit dem Grog, der hatte ja wohl viel mitgemacht." Ich bejahte seine Aussage und fügte noch hinzu, dass ich ihm den Namen Admiral Jason gegeben hatte. Der Beamte stand auf und ging zu einem Schrank, worin seine Tasche stand und holte ein Butterbrot heraus, nahm die Wurst vom Brot und gab sie A.-J. Nebenbei erwähnte ich noch, dass ich deswegen leider das Einhand–Transatlantikrennen verloren hatte. Er tröstete mich und sagte: „Dafür haben Sie doch einen schönen Hund bekommen." Weiter sagte er: „Ich werde Ihnen provisorische Papiere für ihn ausstellen." Wer hätte das gedacht, nun konnte ja nichts mehr passieren.

Als die Papiere fertig waren, verabschiedete und bedankte ich mich und ging zum Hafenmeister Salvatore el Nimmviel. Im Büro des Hafenmeisters ging alles sehr schnell, er wollte wohl Feierabend machen. „Wie lange möchten Sie bleiben?" Er wies auf ein Plakat mit dem Aufdruck „Mojo Islander Festival", das dieses Wochenende stattfand. Ich überlegte kurz, heute hatten wir Donnerstag, den 08.12.2011. „Vier Tage werde ich bleiben." Er nickte: „Wie viele sind Sie an Bord?" - „Eine Person und mein Hund Admiral Jason." Zum ersten Mal konnte ich ihn ohne Gefahr mit angeben. „Das macht 200 €." - „Oh, habe ich jetzt den Hafen mit gekauft?" Der Blick, den ich bekam, sah nicht gut aus. „Fahren Sie mal nach Mexiko in einen Hafen, dann legen Sie aber für die gleiche Zeit 500 € auf den Tisch." Wir verabschiedeten uns und gingen zu unserem Boot zurück. Die Aussage, die der Hafenmeister über Mexiko machte, bestürzte mich doch ein wenig, wollten die alle Taifun-, Tornado- und Hurrikan-Schäden über Hafengebühren hereinholen?

Aber wir waren ja noch nicht da. Die letzten Tage und Nächte waren sehr anstrengend, sodass wir sehr früh schlafen gingen. Das Logbuch wurde auf den neuesten Stand gebracht und alle Daten eingetragen. Wasser und Sprit war noch genug vorhanden, sodass wir nicht nach-bunkern mussten. Nach dem Abendessen gingen wir schlafen. Am anderen Morgen wurden wir mit lauter Musik geweckt, ich stand auf, schaute durch das Bullauge und sah eine Blaskapelle an der Uferpromenade vorbei marschieren. Da fiel es mir wieder ein, heute war ja das Festival.

Die Sonne schien schon mit aller Kraft vom Himmel. Leicht beschämt setzte ich meine Deutschlandflagge und die von Puerto Rico, aber die hätten schon vor zwei Stunden gesetzt werden müssen. Nach einem guten und langen Frühstück machten wir einen Bummel durch die Stadt, um uns das Fest genauer anzuschauen. Überall spielten die verschiedensten Kapellen und Tanzgruppen. Es war eine Farbenpracht wie bei uns zu Karneval. Auch fuhren geschmückte Autos und Wagen durch die Stadt, in Kölle war es nur noch etwas größer als hier. Kamelle brauchte man nicht zu rufen, denn sie warfen keine. Mein A-J. kam gut an bei den Puerto-Ricaner. Mittlerweile hatte er auch wie ein richtiger Schiffshund ein kleines Seidenhalstuch an und selbst einen Seemannsgang konnte man bei ihm feststellen.

Wir kamen an einem Grillstand vorbei, wo etwas gegrillt wurde, was ich nicht kannte. Der Grillbubi forderte mich lächelnd auf doch mal zu probieren. Er stellte sich vor: „Josè Sierra - der beste Mojo Islander Griller an der karibischen Küste." Mojo Islander ist eine Soße für Fisch, in der Regel mit Tomatensoße, viel Zwiebeln und grünem und rotem Paprika. Ein großes Stück Fisch gegrillt und darauf die besagte Soße. Nach dem ersten Bissen kam sofort die Wirkung: Als Erstes merkte ich ein kleines Zünden der Ohren, dann kam die Zündung und die Ohren brannten bis zum Gehörgang ab. Es dauerte ca. zwei Stunden, bis sie sich regeneriert hatten. Aber es schmeckte fantastisch. Josè Sierra hatte richtig Spaß an A.-J. Nun wusste ich aber nicht, ob er ihm gefiel oder ob er ihn braten wollte. Er gab ihm auch ein Stück Fisch, ich bestand aber darauf, dass er keine Soße bekam. Josè erklärte mir, was ich unbedingt noch anschauen sollte: Da war zum einen der Festzug durch die Stadt und die Besichtigung des Rathauses. Anschließend sollte ich wieder zu ihm zurückkommen. Sobald er Feierabend hätte, wollte er mit mir in ein kleines Lokal gehen, wo es angeblich den besten Grog der Welt gab.

Hier hieß der Grog „Panchie de Rico" und bestand aus echtem Jamaika-Rum, in Holzfässern gelagert, und gesüßt wird er mit Puerto Ricos Rohrzucker. Das Seemannslokal, in dem wir sehr lange saßen, war sehr gemütlich. Josè arbeitete bei der Reederei Ocean Star Cruises. Sein Schiff, auf dem er fuhr, war die Ocean Star Pacific, ein Kreuzfahrtschiff. Am späten Abend verabschiedeten wir uns und gingen auf unsere Schiffe zurück. Am anderen Morgen kaufte ich bei dem Schiffsausrüster im Ort noch ein paar Ersatzteile für mein Boot. Auch musste für A.-J. einiges gekauft werden, eigentlich musste er auch unbedingt zum Friseur, aber das hatten wir verpasst. Nachmittags ging ich mit ihm wieder zum Festival und an diesem Tag ging es erst richtig los. Wunderschöne Wagen fuhren durch die Stadt, einer war besonders schön geschmückt, es war der Wagen der Kandidatinnen des Schönheitsköniginnen-Wettbewerbs. Denn immerhin war ja einst Jennifer Lopez, eine Südamerikanerin aus Guadeloupe, zur Schönheitskönigin gekürt worden. Seither sind die Mädels hier so selbstbewusst, dass sie es immer wieder probieren. Nach der Parade ging ich in die City und schaute mir die Geschäfte an. Ein Jammer, dass Mechthild nicht da war, es gab so schöne und tolle Sachen, Mode und Accessoires, fast wie auf der Kö in Düsseldorf. Wir setzten uns in ein Straßencafé und ich trank noch einen Kaffee, aber den hätte ich besser gleich in die Gosse geschüttet. Eigentlich war er nicht schlecht, aber es fehlte das Kaffeepulver. Er war so dünn, dass nicht nur der Boden zu sehen war, nein, man konnte sogar durch das Porzellan schauen, aber dafür kostete er etwas mehr.

Auch gönnte ich mir ein Stückchen Obstkuchen, belegt mit herrlich roten Erdbeeren und grünen Kiwischeiben und darauf ein Sahnehäubchen. Es sah gut aus, leider war wohl eine Tagesproduktion Zucker verarbeitet worden. Nach einiger Zeit wurde es sehr unruhig, Polizei und Soldaten kreuzten auf und eine Limousine, ein großer Mercedes, fuhr an uns vorbei. Im Auto saß der Gouverneur Luis Fortuño Pedro Pierluisi. Großer Jubel blieb aber aus, wahrscheinlich wetzten im Hinterhof schon ein paar Männer die Messer. Als auch das an uns vorüber war und die unzähligen Touristen zum Abendessen gingen, schlenderten wir wieder zum Festplatz, um Josè zu besuchen. Ich ließ mich überreden noch einmal „Mojo Islander" zu essen. Nun war ich aber gewarnt, sofort wurden nach dem ersten Biss beide Ohren zugehalten. Mit dem Erfolg, dass die Ohren nicht mehr abbrannten, aber mir die Tränen aus den Augen liefen und ich kurze Zeit später nasse Füße hatte. Nach und nach besserte sich meine Situation, sodass ich wieder klar gucken konnte. Wir tranken noch einen kleinen „Panchie de Rico" und verabschiedeten uns von Josè. Ich bedankte mich für alles, was er für uns getan hatte. Nun hatten wir von dem Festival genug gesehen und gingen auf unser Schiff zurück.

Dort angekommen wollte ich noch schnell zu Hause anrufen, nahm das Telefon und wählte die ersten Zahlen, doch dann fiel mir ein, dass in Deutschland zu dieser Zeit Mitternacht war. Nun verschob ich es auf den nächsten Tag. Mein Satellitenempfang für Fernsehen war im grünen Bereich, also schaute ich mal, was es alles so gab. Aber nichts Vernünftiges wurde gesendet. Der Tag war sehr anstrengend und wir waren müde, dann war eben schlafen angesagt. Es war Sonntag, der 11. Dezember auch an diesem Morgen wurden wir wieder mit Musik geweckt, aber unsere Flaggen hatte ich schon bei Sonnenaufgang gehisst. Nach dem Frühstück rief ich Mechthild zu Hause an und berichtete ihr, was wir alles erlebt hatten. Ihre größte Sorge war, was wohl Jason so den ganzen Tag über macht. Ich erzählte ihr von Josè und dass er gerne A.-J gehabt hätte. Sofort kam: „Pass bloß auf ihn auf! Komm nicht ohne ihn nach Hause!" Wir verabschiedeten uns wieder und das Gespräch war zu Ende. Da fiel mir ein, dass es der dritte Advent war. Wer hatte denn dieses Jahr die Weihnachtsbeleuchtung aufgehangen? Das musste ich beim nächsten Gespräch klären. Ein wenig traurig war ich schon, nun war doch die gemütliche Adventszeit und normalerweise würde ich abends schön vor dem Kamin sitzen und einen Irish Coffee trinken oder auch zwei usw. Aber wir schipperten bei 28° Hitze durch die Karibik, statt Tannenbäume gab es nur Palmen. Wir verbrachten noch einen ruhigen Sonntag in Puerto Rico und fuhren Montagmorgen weiter in Richtung Dominikanische Republik.

Früh um sechs Uhr hisste ich die Deutschlandflagge und ging zum Zoll auszuklarieren. Der Zollbeamte war leider nicht Justus el Casein, sondern sein Kollege Francis Santana, der Halbbruder von Rocklegende Santana, aber auch ein sehr netter Mann. Er fragt mich: „Wohin geht die Reise nun?", und ich antwortete ihm: „Santo Domingo ist unser Ziel und wir wollen den Jachthafen Club Náutico de Santo ansteuern." Er gab mir noch ein paar Ratschläge mit auf den Weg und wünschte mir viel Glück. Zurück auf unserem Boot wurden sofort alle Koordinaten gesetzt und wir fuhren erst mit Motorkraft aus dem Jachthafen Marina de Salinas, kurz darauf wurden die Segel gesetzt und mit hervorragendem Wind ging es in die Karibik.

An die Delfine hatte ich mich mittlerweile gewöhnt. Aber dass auch ab und an Haie zu sehen waren, machte mich ein wenig unsicher. Waren sie auch weiter weg von Land, so könnte man eigentlich auf sie verzichten. Der Wind drehte des Öfteren, sodass ich ständig eine Wende nach der anderen fahren musste. Das kostete sehr viel Zeit. Automatik und Autopilot wurden eingeschaltet und das Boot schoss durch den Wind. Durch die Wendemanöver kamen wir aber auch nicht auf Geschwindigkeit und so blieben nur knapp sechs Knoten übrig. Abgesehen von den Wenden lag das Boot sehr ruhig. Aus meinem Laptop ertönte ein Signal, ein Skype-Anruf wurde gemeldet, es waren Klaus und Petra aus den USA. Nun wurden erst mal Koordinaten von ihnen und mir durchgegeben, dann ein kleines Schwätzchen und die Information, dass die beiden über Weihnachten kurz nach Deutschland und zu einem 70. Geburtstag fliegen wollten. Irgendeine Pappnase hatte wohl Geburtstag.

Für mich war das nicht schlimm, da ich mit meiner Zeit sowieso hinterher hinkte. Nun blieb mir noch Spielraum und ich konnte mir mehr anschauen als zuvor. Nahe der Küste ging es von Salina an Ponce und Guanica vorbei wieder in die offene Karibik in Richtung Santo Domingo. Erst segelte ich an der kleinen Insel De Mona vorbei, um geradewegs auf die Südspitze von Santo Domingo zu kommen. Nun machte ich einen folgenschweren Fehler, ich fuhr zwischen dem Festland und der Insel Catalina hindurch und hatte leichte Grundberührung. Nach kurzer Überprüfung konnte ich aber nichts feststellen. Ich segelte etwas mehr von der Küste in Richtung Insel, fuhr an La Palmilla vorbei und hielt Kurs auf La Romana, um in den Jachthafen Club Nautico de Santo Domingo zu gelangen. Kurz vor der Hafeneinfahrt musste ich die Segel reffen und den Motor starten. Im Leerlauf stellte ich noch keinen Schaden fest, doch als ich die Kupplung löste, merkte ich gleich, dass meine Antriebswelle einen schweren Schaden abbekommen hatte.

Mit großer Mühe erreichte ich einen freien Liegeplatz am ersten Steg. Sofort schaltete ich den Motor ab und befestigte mein Boot an einem freien Poller. Leise fluchte ich ein paar gut ausgesuchte und vornehme Schimpfworte in meinen Bart. Einige Domingos, die gerade an mir vorübergingen, sah ich drei Kreuzzeichen schlagen und in ein tiefes Gebet versinken. Da es schon spät war, beschloss ich an diesem Abend nichts mehr zu unternehmen, frei nach dem Motto: Was du heute kannst besorgen, das verschiebe lieber auf morgen. Also ging ich zum Zoll. Der Zollbeamte Oberamtsmann o. M. (ohne Mütze) José de Jesús Ravelo Castro war ein scharfsinniger Beamter, der die Fähigkeit beherrschte, innerhalb von Millisekunden den Preis für sein Trinkgeld zu berechnen. Bei mir machte es einhundert Euro aus abzüglich Trennungsgeld, zuzüglich Gefahrenzulage und zuzüglich 35 % MwSt.

Nun ging ich auch zum Hafenmeister und meldete mich an. Ein braun gebrannter sportlich junger Mann Anfang bis Mitte achtzig, so genau konnte ich das nicht feststellen, machte ein sehr freundliches Gesicht. Bei mir kam sofort der Verdacht auf, dass es mindestens noch mal hundert Euro kosten würde. Er fragte mich: „Wie lange möchten Sie bleiben?" Ich antwortete: „Mein Boot hat eine Panne, daher weiß ich es noch nicht." Er strahlte über das ganze Gesicht. „Ach, Pannen dauern bei uns immer sehr lange, bis sie behoben sind. Ich schlage Ihnen vor, buchen Sie mal 14 Tage." Was blieb mir anderes übrig, ich nicke ihm zu. Sofort arbeitete sein Gehirn wie ein Rechner mit einem 500-GB-Arbeitsspeicher. Er nannte mir einen Preis, ich nickte wieder und stellte fest, das war ein Fehler. Sofort merkte er, dass ich mit dem Preis einverstanden war. Er schaute mich mit seinen Schweinsaugen lächelnd an und sagte: „No Señor, das war nur die erste Zwischensumme." Ich schaute ihm mal tief in die Augen und fragte höflich nach seinem Namen. „José Enrique del Sturla", stammelte er. Ich ging noch ein, zwei Schritte auf ihn zu und machte eine Miene wie Salbates del Bogue, einer der schrecklichsten Seeräuber des 16. Jahrhunderts, den es je gegeben hatte. Und der genau in dieser Gegend zu Hause war.

„So, nun pass mal gut auf", sagte ich zu ihm. „Jetzt machst du mir einen vernünftigen Preis oder ich ziehe dir den Stopfen aus dem Hafenbecken, sodass kein Tropfen Wasser mehr darin bleibt." Dann sagte ich ihm noch, dass ich nicht mehr als 15 € die Woche zahlen würde. Nun ist es so, Seefahrer, die in dieser Gegend fahren, haben immer zwei oder drei Schatzkarten dabei. Ich machte ihm ein Angebot, dass er von mir am Ende meiner Liegezeit eine Schatzkarte von diesem eben erwähnten Herrn Bogue bekommen könnte. Diese sind in dieser Gegend besonders begehrt, da die Schätze des Salbates bis heute noch nicht alle gefunden wurden. Leider ist die Schatzsuche noch immer mit Mord und Totschlag behaftet. Sofort besserte sich sein Zustand vollkommen und er war wieder in seinem Urzustand. Er überschlug sich förmlich vor Hilfsbereitschaft. Nun fragte er noch: „Wo haben Sie denn die Schatzkarte?" Hätte ich jetzt gesagt: „Die habe ich an Bord", wäre mein Leben keinen Pfifferling mehr wert. Also antwortete ich ihm: „Die habe ich hier auf der Scotia Bank." Diese Bank war nicht weit vom Hafen entfernt.

Es fiel ihm gar nicht auf, dass ich überhaupt noch nicht auf der Bank gewesen sein konnte. Ich ließ mir die Quittung für die erste Woche geben und verabschiedete mich. Beim Verlassen des Büros fragte er: „Wie sieht denn die Schatzkarte aus?" Nun ist das so, die Karten von Salbates del Bogue hatten ein besonderes Zeichen. Ich erklärte ihm: „Die Karte hat an der linken Ecke einen Fingerabdruck aus Blut", und fügte noch hinzu, „Wahrscheinlich von einem Hafenmeister aus dieser Zeit." Das gab ihm dann den Rest. Er sagte noch: „Kommen Sie morgen früh zu mir und ich gehe mit ihnen in eine Werft hier in der Nähe." „Der Chef kommt aus Deutschland", rief er mir nach. So, nun ging ich wieder auf mein Boot und machte uns erst mal was zu essen.

Gegessen wurde oben auf Deck, es war ein sehr warmer Abend und wir saßen draußen bis spät in die Nacht. Nach einem kleinen Grog und Pfeifchen, auch A.-J. bekam seinen medizinischen Grog, gingen wir schlafen. Sechs Uhr morgens setzte ich bei uns die deutsche und dominikanische Flagge, danach ging ich Brot einkaufen. Die Verkäuferin schaute mich die ganze Zeit an, ich wurde etwas nervös, brabbelte mir was in den Bart in der Hoffnung, die versteht mich ja sowieso nicht: „Wat lurste so dussellich", sie lachte und fragte zurück: „Wo küste du dann her?" Vor lauter Schreck fielen mir fast die Augen aus dem Kopf. Ich antwortete: „Gebürtig bin ich aus Leverkusen", daraufhin sagte sie: „Jo Jo, us Leverkusen, dat kennen ich, dat ist de Parkplatz vun Kölle", und lachte. Ich stellte mich vor: „Kapitän Manfredo und das ist Admiral Jason." Nun stellte sie sich vor: „Ich bin dat Müllers Tina und minge Mann ist de Müllers Tünn, mir kumme us Kölle." Wir hielten noch ein Schwätzchen und sie erzählte mir, dass ihr Mann eine kleine Werft im Hafen betreibt, sie erklärte mir, wie ich dahin käme und wir gingen zurück auf unser Schiff.

Danach gingen wir in die Werft, die tatsächlich in der Nähe war. Dort angekommen trafen wir gleich den Chef, keine Kunst bei nur zwei Mann Personal. Er wusste schon

Bescheid, seine Frau hatte ihn kurz vorher angerufen. Wir begrüßten uns, als wären wir seit Jahren befreundet. Erst gingen wir in sein Büro, wo ich nun nach Jahren mal wieder ein eiskaltes Früh Kölsch bekam. Ich unterließ die Frage, wo hast du das denn her, er hätte mir bestimmt was vom Pferd erzählt. Aber eine andere Frage musste ich doch loswerden: „Wie kommt ihr denn hierher?" „Ja, das ist eine lange Geschichte, ich wollte in Köln auf der Hohe Straße ein Geschäft aufmachen, hatte leider keinen Schlüssel, da habe ich ein Brecheisen benutzt, das war etwas laut. Um nicht auf Staatskosten längere Zeit zu leben, sind wir hier hergekommen. Aber das ist alles verjährt. So, was kann ich denn für dich tun?"

Nun erzählte ich ihm, dass wir Grundberührung zwischen der Insel Catalina und dem Festland hatten. Er nickte und sagte: „Ja, ja, da ist schon manch einer gescheitert. Okay, schauen wir uns das mal an", stand auf und wir gingen zum Boot. Ich öffnete den Deckel zum Maschinenraum und er ging runter und schaute sich den Schaden genauer an. Nach langer Zeit kam er wieder hoch und sagte zu mir „Minge lefe Jung, do häste effer Jelöck jehat, et is nur datt Jeleitlarer kapott." Das nannte er Glück, wie und wo sollte ich ein neues Gleitlager herbekommen? „Och, mach dir nix ins Hemd, ich besorg dir datt." Er ging zurück in die Werft, um ein paar Werkzeuge zu holen. Nach einer halben Stunde war er wieder da mit Messschieber und Mikrometeruhr und maß Welle und Lager akribisch aus. Die Werksnummer-Type und Seriennummern wurden notiert. Dann schaute er sich mein Boot mal genauer an und war begeistert von der Technik an Bord, danach marschierte mein Tünn zurück zu seiner Werft.

5. Kapitel

Am frühen Nachmittag des 20. Dezember 2011 gingen wir zwei in die Stadt La Romana, 18°25´34"N, 68°58´3"W, sie ist mit etwa 190.000 Einwohnern die viertgrößte Stadt in der Dominikanischen Republik und eine der größten Städte der Karibik. Die Stadt ist Hauptstadt der Provinz La Romana. Diesen Namen bekam die Provinz von dem spanischen General Eduardo López de la Romaña. Sie liegt an der Südküste gegenüber der Insel Catalina. In der Nähe der Stadt befindet sich die private Siedlung Casa de Campo, in der viele Prominente eine Villa besitzen. Zu dieser Siedlung gehört auch das Künstlerdorf Altos de Chavón, wo Michael Jackson und Lisa Marie Presley geheiratet hatten.

Wir fuhren mit dem Bus in die Innenstadt, besser gesagt in die City. Vom Bus aus waren wir in zwei Minuten in der Fußgängerzone. Man sollte es nicht glauben, aber hier war die ganze Stadt mit Weihnachtsbeleuchtung dekoriert, nicht gerade so wie bei uns zu Hause, aber doch ganz prächtig. Die Schaufenster waren voll mit Geschenkartikeln und Weihnachtsschmuck, Nikoläuse und Co. sind etwas bunter als in Deutschland. Aber Weihnachtsbäume suchte man hier vergeblich. In einem Café direkt neben einem Friseurladen, einem Hundesalon, trank ich eine Tasse Kaffee und gönnte mir ein Stück lecker aussehenden Käsekuchen mit Schlagsahne. Dieses Mal hatte ich nichts auszusetzen, der Kaffee und der Kuchen waren einfach lecker. Während ich mich so umschaute und das bunte Treiben beobachtete, überlegte ich, ob ich nicht morgen früh A.-J. das Fell kürzen ließe. Da kam ein älterer Herr, eine Kapitänsjacke lässig über die Schulter geworfen, mit seinem Hund aus dem Hundesalon und setzte sich an den Nebentisch. Als er so mit seinem Hund sprach, hörte ich, dass er belgischer Staatsbürger war.

Sofort fragte ich ihn, ob er den Salon empfehlen kann. „Ja ja, hier gehe ich schon seit Jahren hin", sagte er zu mir und zeigte auf seinen Hund. Es war eine Mischung aus Bobtail und Traktor, aber viel kleiner. Ich machte mir Gedanken, wie der vor dem Friseur wohl ausgesehen haben musste. Bei dem Hund konnte ich beim besten Willen nicht feststellen, wo vorne oder hinten war. Mein Nebenmann stellte sich vor: „Kapitän der belgischen königlichen Kriegsmarine Achille van Bredeode. Und das ist Konteradmiral Bufolus", und zeigte auf seinen Hund. Als der Hund seinen Namen hörte, schwankte ein Teil des Körpers hin und her. Das muss hinten sein, schoss es mir durch den Kopf. „Kapitän Manfredo und Admiral Jason", stellte ich uns vor. Ich fragte ihn, was er denn hier mache, ob er hier lebe? Ja, nach dem Krieg wollte er Abstand von Europa und erzählte sofort alles, was ich eigentlich gar nicht hören wollte. Er hatte im Zweiten Weltkrieg gegen die Deutschen gekämpft und war sich nicht sicher, ob die ihn noch jagen würden. Er war damals Kapitän des U-Bootes HMS Hood, das das Panzerschiff Fürst Bismarck versenkt hatte. Nachdem ich mich von diesem Bericht wieder erholt hatte, kam ich zu dem Schluss, der Kerl log ja noch schlimmer als ich. Erstens: Die Belgier hatten noch nie ein U-Boot gehabt. Zweitens: Die Bismarck fuhr im Ersten Weltkrieg und wurde 1920 abgewrackt. Drittens: Die HMS Hood war ein englischer Kreuzer aus dem Zweiten Weltkrieg. Sofort wurde mir klar: Der Typ war ganz in Ordnung, nur leider im Kopf nicht.

Sein Hund Bufolus, der eigentlich aussah, als hieße er Sabatus, hatte es auf meinen Kuchen abgesehen. Aber da hatte er A.-J. unterschätzt, sofort wurde er in seine Schranken verwiesen. Das Wollknäuel bewegte etwas ruckartig, das musste der Kopf sein, dachte ich mir und er zog sich auch schon zurück. Kapitän Achille erklärte mir, was ich mir unbedingt in der Stadt und Umgebung anschauen sollte. Ich lud ihn zu einem Grog ein, aber er meinte, dass wir das lieber später unten im Hafen in der kleinen Eckkneipe nachholen sollten, da gebe es auch den besten Grog der ganzen karibischen Südküste. Der Grog hieß hier übrigens „Dominogroko" und wurde mit originalem Jamaika Rum aus alten Holzfässern angerichtet. Wir verabredeten uns für den nächsten Tag gegen Abend in der kleinen Bar. Er verabschiedete sich, ging noch einkaufen und wir ließen uns für den nächsten Tag einen Termin im Hundesalon geben. Zurück an Bord machten wir es uns gemütlich, jeder bekam einen Grog, ich einen steifen und A.-J. seinen für die Verdauung und gegen Zecken. Anschließend gingen wir schlafen. Um sechs Uhr in der Frühe setzte ich unsere Flagge und auch die der Dominikanischen Republik. Nach dem Frühstück gingen wir in die Stadt zu unserem Friseur, wo A.-J. seine Haarpracht abgeben musste. Da er sonst nicht gerade ein Freund von Friseuren war, wunderte ich mich doch, dass er so friedlich war. Aber bei 28-30° im Schatten musste es für ihn eine Wohltat sein mit kurzem Fell herumzulaufen.

Der Friseur Bullumba Dihmes, eine echte Schwatzbacke, schnitt und erzählte in so einem Tempo, dass ich Angst bekam, der schneidet dem armen Kerl noch die Ohren ab. Er erzählte mir, dass er gestern dem Hund von General Achille van Bredeode der belgischen U-Boot-Waffe die

Haare geschnitten hatte. Ich fragte ihn noch: „General?" - „Ja", sagte er. „Hm, er wurde wohl in dieser Nacht befördert." Bei dieser Kundschaft müsste er natürlich die Preise anpassen. Aha, das ist es, er wollte Horrorpreise erzielen. Ich überlegte den Burschen wieder auf den Boden zurückzuholen. „Hören Sie, die abgeschnittenen Haare muss ich unbedingt zurückhaben." Er schaute mich mit ungläubigen Augen an und fragte: „Aber warum?" - „Nun, das ist so: Dieser Hund ist ein Nachfahre von Bullerius Vieberus, der einzige seiner Rasse, der damals gerettet wurde, als die Titanic am 14. April 1912 300 Seemeilen südöstlich von Neufundland mit einem Eisberg zusammenstieß. Er gehörte dem Vizekönig von Bagtelumien an der Südspitze vom Ijsselmeer." Ich machte eine kurze Pause. „Und diese abgeschnittenen Haare sind ein Vermögen wert." Dem Friseur blieb die Spucke weg, ich sah, wie er vorsichtig mit seinem Fuß ein paar Büchel beiseiteschob. Als er die Haare geschnitten hatte, packte er mir den Rest in ein Tütchen, bürstete A.-J. noch das Fell glatt und war fertig. Ich ging zur Kasse und wollte bezahlen. „Nein, nein Sir, dieser Schnitt war kostenfrei, dürfte ich ein Foto von Ihrem Hund machen?" - „Klar", das hatte ich nun doch nicht erwartet. Er machte drei Fotos, ich verabschiedete und bedankte mich und ging in die Stadt. Nachdem ich genug gesehen hatte, fuhren wir mit dem Bus noch etwas außerhalb von La Romana.

Dort schaute ich mir ein paar historische Bauwerke an, da waren zum Beispiel zwei Kirchen aus dem späten Mittelalter und ein Amphitheater aus der Neuzeit. Langsam wurde es dunkel, wir fuhren zurück in die Stadt und gingen direkt im Hafen in die kleine Bar, wo wir unsere beiden Freunde aus Belgien wiedertreffen wollten. Da wir zu früh da waren, bestellte ich uns etwas zu essen. Es gab Fisch mit Reis und Salat, auch A-J bekam etwas, das ich aber nicht identifizieren konnte, es könnte Büffellende gewesen sein. Ich bestellte mir ein Bier, der Kellner fragte mich: „Fassbier oder Flasche?" - „Was haben Sie denn für Flaschenbier?" - „Warsteiner", kam die Antwort. Es wurde Warsteiner bestellt, für A.-J. ein Napf mit Wasser. Der Bursche merkte sofort, dass kein Rum im Wasser war wie bei uns an Bord. Wir waren gerade mit dem Essen fertig, als Achille und Bufolus zur Türe hereinkamen.

Sie setzten sich mit an unseren Tisch, bei Bufolus hatte ich schon wieder das Problem: Wo war vorne und wo hinten? Da er kein Halsband und kein Halstuch trug, war das doch ganz schön schwer herauszufinden. Wir tranken erst mal weiter Bier und erzählten Seefahrerstorys am laufenden Band. Er erzählte, wie viele deutsche Schiffe er mit seinem U-Boot versenkt hatte. Ich dachte, so viele Schiffe hatte die deutsche Marine überhaupt nicht. Ich erzählte ihm jede Menge Seemannsgarn, dass sich die Balken bogen. Dass wir mit einem alten Holzsegler vor einigen Jahren durch die Karibik gesegelt waren, um den vergrabenen Schatz des Piraten Salbates del Bogue zu suchen, der ja immer noch nicht gefunden worden war, wobei das Schiff von Bohrwürmer so durchlöchert wurde, dass es wie ein Kaffeesieb Wasser zog und wir die Karibik mindestens dreimal durch unser Schiff gepumpt hatten.

So kam es, dass wir erst zur späteren Stunde unseren lang ersehnten „Dominogroko" (Grog) bekamen. Nun war ja der 23. Dezember, einen Tag vor Heiligabend, und nahmen uns vor den Abend nicht allzu lange hinzuziehen. Es gelang uns auch, denn die Leute wollten das Lokal schließen, also gingen wir: Er nach Hause und wir auf unser Schiff. Als wir auf dem Schiff ankamen, sah ich, dass ein Zettel an der Kajütentüre hing. Es war eine Nachricht von Müllers Tünn, er lud uns für Heiligabend ein und ich sollte mit seiner Familie Weihnachten feiern. Doch das wollte ich dann doch nicht.

Am anderen Morgen ging ich zu ihm in die Werft und bedankte mich für die Einladung, sagte aber für diesen Abend ab. Gut, sagte er, dann kommt ihr aber am zweiten Weihnachtstag zu uns zum Kaffee und Abendessen. „Okay, wann sollen wir kommen?" - „So gegen 15:00 Uhr." Nun gingen wir wieder zum Boot und ich erledigte alle meine Telefonate mit zu Hause und Freunden. Auch Olaf rief ich an und wir hielten ein sehr langes Schwätzchen.

Der zweite Weihnachtstag bei Familie Müller mit ihren Kindern Julchen und Piter war einfach spitze. Zum Kaffee gab es selbst gebackenes Spritzgebäck, Spekulatius, Lebkuchen und nicht zu vergessen den traditionellen Stollen mit Marzipan und Mandeln. Es wurde von früher geplaudert, wie Weihnachten in Köln immer gewesen war, der Besuch der Christmette im Dom und die Weihnachtsbeleuchtung in der Schildergasse. Es gab auch das eine oder andere Gläschen Früh Kölsch, es war fast wie zu Hause. Am Abend zauberte Tina ein hervorragendes Abendessen auf den Tisch. Es war ein Festessen: Sauerbraten, Klöße und Rotkraut.

Nun muss man wissen, dass der originale Sauerbraten in Köln aus Pferdefleisch besteht, was nicht jedermanns Geschmack ist; Tina hatte aber Rindfleisch ausgesucht. Zum Nachtisch gab es einen Schokopudding mit einem

Sahnehäubchen und einen starken Mocca. Am späten Abend gingen wir zwei gut gesättigt und zufrieden zurück auf unser Boot. So war es doch noch ein schönes Weihnachtsfest gewesen. Am nächsten Tag kam Tünn vorbei und berichtete, dass das Gleitlager abgeschickt war und Anfang Januar eintreffen würde. Darüber freute ich mich natürlich riesig, ginge es ja bald wieder weiter. Das Feuerwerk zu Silvester wollte ich eigentlich von See aus beobachten, nun würde ich es mir eben vom Hafen aus anschauen. In den kommenden Tagen brachte ich mein Schiff wieder in Ordnung, hatte es doch die eine oder andere Schramme abbekommen. Es wurde gespachtelt, geschliffen, poliert und Farbe ausgebessert. Auch der Motor hatte eine Überholung verdient, die Motoren von Fock und Groß sowie die Ruderanlage wurden genauestens überprüft. Ein Vorteil war, dass ich gleich eine Fachwerft zu Verfügung hatte. Alle Tampen und Taue wurden überprüft, ob auch nicht durch Sonneneinwirkung Schäden entstanden waren. Mit Grafitspray wurden Winschen und Blöcke eingesprüht. Am Freitag, den 30. Dezember erhielten wir hohen Besuch von unseren belgischen Freunden Kapitän Achille van Bredeode und Bufolus. Der Käpt'n kam schnell zur Sache und lud uns im Namen seiner Frau Chantal Silvesterabend zum Abendessen und Glögg ein. Ich überlegte kurz, dass ich eigentlich alleine sein wollte, kam aber zu dem Entschluss, dass ich ja noch einige Abende hier bleiben musste.

Ich fragte: „Passt es gegen 20:00 Uhr? Soll ich etwas zu trinken mitbringen?" -„Nein, nein, es ist alles vorhanden." Wir tranken noch ein oder zwei Gläschen Grog, auch A.-J. und Bufolus bekamen einen kleinen Eierbecher voll Grog, aber nur gegen Flöhe und Zecken. Nun erkannte ich deutlich, wo bei Bufolus vorne war. Sein langes Fell überdeckte den Becher vollkommen, ich hatte Sorge, dass er ihn komplett herunterschluckt, aber kurz darauf fiel er aus seinem Fell wieder heraus. Die beiden verabschiedeten sich und wir zwei blieben allein zurück, nach den paar kleinen Grogs hatte ich keine Lust mehr zu arbeiten. Am Silvesterabend um 17:00 Uhr telefonierte ich mit zu Hause, wo gerade das neue Jahr gefeiert wurde. Durch die Zeitverschiebung war es dort schon 2012, bei mir fehlten noch sieben Stunden bis Neujahr. Kurz vor 20:00 Uhr gingen wir zwei in Richtung Familie van Bredeode. Unterwegs war schon viel Trubel auf den Straßen, es wurde gesungen und getanzt.

In einem Blumengeschäft kaufte ich einen Strauß Blumen für die Frau van Bredeode und Bufolus bekam ein Leckerli aus Jasons Bestand. Wir klingelten, kurz darauf wurde die Tür geöffnet und Kapitän Achille mit Bufolus bat uns herein. Im Wohnzimmer angekommen begrüßte mich die Dame des Hauses. Achille stellte mir seine Frau „Chantal" vor, die aber aussah, als hieße sie „Wilhelmine". Eine sehr nette ältere Dame, die eindeutig das Kommando in diesem Haus führte. Das Haus erinnerte mich an Belgien, wo ich des Öfteren war: In den Häusern, wohin man sah, gab es Teppiche an den Wänden und auf Tischen und Böden, eine wunderbar ruhige Atmosphäre, genauso war es auch hier. Sie bot mir in leichtem französischen Akzent ein Coffin mit Melk und Sucer an. Das ganze Haus duftete nach Glöggpunsch und auch aus der Küche kam ein herrlicher Duft heraus. Bufolus und Jason gingen direkt in die Küche und machten es sich dort bequem. Bilder an der Wand zeigten Kapitän Achille van Bredeode auf einem Frachter, der neben einem deutschen U-Boot aus der

Neuzeit lag. Auf dem Bild daneben war Chantal auf einem belgischen Schnellboot in Uniform zu sehen. Ich überschlug kurz das Alter von Achille und kam zu dem Schluss, der Bursche konnte überhaupt nicht im Zweiten Weltkrieg zur See gefahren sein. Zur dieser Zeit war er höchstens zehn Jahre alt. Aber warum sollte er nicht auch Seemannsgarn spinnen dürfen. Er musste nur noch kräftig üben, er war noch lange nicht reif dafür.

Chantal servierte das Essen, es gab verschiedene Pannköken mit unterschiedlichen Füllungen, einmal mit Schinken, Pilzen oder Spargel und zum Schluss schlemmten wir einen süßen Pannköken. Als Abschluss servierte sie einen vorzüglichen Coffin, nur diesmal mit einem Schuss Cognac darin. Dann kam der Höhepunkt auf den Tisch: die feuerfeste Terrine mit dem Glögg. Das Sieb mit dem Würfelzucker lag auf dem Rand der Terrine und wurde mit echtem Jamaikarum übergossen. Anschließend wurde das Licht ausgeschaltet und der Zucker mit dem Rum angezündet. Es war ein wunderschöner Silvesterabend, die Zeit verging wie im Flug, das neue Jahr war schneller da, als wir unseren Glögg ausgetrunken hatten. Also tranken wir so lange, bis er vernichtet war. Das dauerte bis fast drei Uhr morgens. Es wurde schon hell und die Temperaturen waren auch sehr angenehm. Nach einer halben Stunde waren wir wieder auf unserem Schiff, schon ahnend, was für Kopfschmerzen da auf mich zukamen.

Am Montag, den 02. Januar 2012 war ich wieder fit. Ein kurzer Besuch bei meinen Freunden Tina, Tünn und den Kindern auf eine Tasse Kaffee und wir erzählten uns noch, was wir alles Silvester erlebt hatten. Die Leute hier konnten ganz schön feiern, sie tanzten und sangen immer noch auf den Straßen. Nach dem Besuch gingen wir zwei wieder auf unser Schiff zurück und ich erledigte erst mal alle meine Telefonate. Nach einer Woche war dann auch mein Gleitlager eingetroffen und wir machten für den nächsten Tag einen Termin aus, um das Lager einzubauen. Das Lager bestand aus zwei Halbschalen, sodass wir die Schiffswelle nicht ausbauen mussten.

Als kleines Dankeschön lud ich die Familie am nächsten Tag zum Essen auf mein Schiff ein. Aber was sollte ich nun kochen? Ich war für so viele Personen überhaupt nicht eingerichtet. Also musste ich etwas zaubern, was meine Küche auch schaffte. Da fiel mir ein, dass sie ja alle aus Köln kamen und mit Sicherheit Reibekuchen mochten. Im Supermarkt kaufte ich zwei Gläser Apfelmus und zum Nachtisch wurde auch etwas besorgt. Am Abend kamen die Vier und ein Freudengeschrei der Kinder ertönte, als sie hörten, dass es Riefkoche gab. Es wurde ein langer Abend, der auch gleichzeitig unseren Abschied brachte. Sie versprachen, dass sie mich im nächsten Jahr in Deutschland besuchen würden, da ein Besuch bei ihren Eltern angesagt war. Die Kinder versuchten noch mir meinen „Jason" abzuschwatzen, was ihnen aber nicht gelang.

Nach einer Woche traf endlich mein Gleitlager ein und wir machten für den nächsten Tag einen Termin aus, um das Lager einzubauen. Nach langem Einschleifen war der Schaden behoben.

Am Montag, den 10. Januar 2012 ging ich in die Werft und zahlte meine Rechnung. Dann verabschiedete ich mich von meinen Freunden Chantal und Achille van

Bredeode sowie Bufolus, der es mir dieses Mal leichter machte vorne oder hinten zu erkennen. Anschließend ging ich zum Zoll, um mich für den nächsten Tag auszuklarieren und anschließend zur Bank, nicht etwa, um meine Schatzkarte zu holen, nein, ich brauchte etwas Geld. Doch der schwerste Gang war wohl der zum Hafenmeister. Nach kurzer Begrüßung ging es gleich zur Sache, die erste Frage: „Haben sie die Schatzkarte?" „Natürlich habe ich die Karte", er wollte sie sofort sehen, ich zeigte ihm die Karte, ohne sie aus der Hand zu geben. „Was muss ich denn noch für Hafengebühren zahlen?" Er schaute sich die Karte genau an, sah den Fingerabdruck an der linken Kartenecke, überlegte kurz und sagte: „Es ist alles bezahlt." „Gut", sagte ich, „dann hätte ich gerne noch eine Quittung." Als er sie ausgestellt hatte, gab ich ihm die Karte. Worauf er sich schnell verabschiedete, mir noch gute Fahrt wünschte und ich war draußen. Ich dachte, dass er so schnell wie möglich in See stechen würde. Wenn ich Pech habe, werde ich ihn doch noch mal wiedersehen, ging es mir durch den Kopf. Vielleicht bei seiner Suche nach der Kokosinsel.

Am 11. Januar 2012 früh um 05:00 Uhr legten wir zwei nach knapp drei Wochen Aufenthalt aus dem Jachthafen Club Nautico de Santo Domingo ab. Mit Motorkraft verließen wir La Romana, noch einmal schaute ich ein wenig traurig zurück, winkte meinen neuen Freunden zu, die ich hier kennengelernt hatte. Selbst Chantal und Bufolus hatten es sich nicht nehmen lassen uns zu verabschieden. Dann ging es in die offene Karibik Richtung „Jamaika".

6. Kapitel

Die feststehende Schiffsschraube, auch Propeller genannt, wurde gegen einen Faltpropeller ausgetauscht. Dieser hatte den Vorteil beim Fahren ohne Motorkraft, dass der Propeller sich zusammenfaltete und somit nicht mehr abbremste. Auch wurde der Algenbart entfernt - er bildete sich unterhalb der Wasserlinie und minderte die Geschwindigkeit erheblich. Ich wurde aufgeklärt, dass nach neuester Erkenntnis das Unterwasserschiff nicht mehr mit Antifouling[16] Farbe gestrichen werden darf. Neueste Entwicklungen im Bereich der Antifouling-Systeme basieren auf Silikon. Diese Systeme zeichnen sich durch eine extrem glatte Oberfläche aus und hatten in einem hohen Maße flexible, kälteunempfindliche, nicht erodierende und seewasserbeständige Eigenschaften mit einer hohen Lebensdauer. So wurde die Haut von Haien untersucht, da sie im Gegensatz zur Haut von Walen nicht durch Parasiten befallen wird. Es wird versucht mit einer silikonartigen Schiffsfarbe, die beim Aushärten kleine Strukturen bildet, dem biologischen Vorbild nachzueifern. Der Vorteil dieser Methode besteht darin, dass keine giftigen Substanzen zum Einsatz kommen.

Aber genau da war das Problem: Wir schipperten nun mal in der Karibik, wo Haie zuhause sind oder des Öfteren zu Besuch kommen. Wenn wir nun mit unserem Boot rein zufällig vorbei fahren, womöglich noch im Dunkeln, der Hai schon etwas älter ist, nicht mehr so gut sieht, sich an der Bordwand orientiert und der Meinung ist, es ist ein Haimädel, was dann?

---

[16] Verhindert Algen und Muschelbefall unterhalb der Wasserlinie

Doch was soll es, unser Boot war schneller geworden, alles in allem lief das Schiff ruhiger als vor der Reparatur in der Werft von Anton Müller. Mein Blick fiel auf A.-J., der immer noch auf der Heckbank achtern lag und in Richtung La Romana schaute. Ich überlegte, ob ich ihn nicht besser dort gelassen hätte. Aber nach einiger Zeit saß er wieder neben mir und verrichtete seinen Dienst und schaute, ob sich kein Klabautermann an Bord geschlichen hatte. Nun waren wir schon einige Stunden unterwegs, weit und breit keine Menschenseele zu sehen. Es herrschte ein traumhaftes Segelwetter, das wir ausnutzen mussten, da sich gegen Mittag in der Regel der Wind drehte. Bis Jamaika waren es noch ein bis zwei Tage zu segeln, wenn alles klappte.

Nun war es wieder da, das Gefühl so ziemlich alleine auf der Welt zu sein. Die Gedanken schweiften in die Vergangenheit und Bilder kamen hoch von längst vergangenen Zeiten. Eigentlich müsste das Wasser blutrot sein von all dem Mord und Totschlag, der hier in diesem Meer stattgefunden hatte. Hier hatten die Spanier so grausam gewütet, dass sie bis heute nicht in Vergessenheit gerieten. Es wird immer von den stolzen Spaniern gesprochen, da fragte ich mich, auf was sind die Spanier eigentlich stolz? Alle zukünftigen Kriege, ob in Europa oder sonst wo, kamen an diese Massaker nicht heran. Zuerst kamen die sogenannten Christen, Spanier, Franzosen, Portugiesen und Holländer. Sie brachten das Wort Gottes in Form von Schwertern und Messern. Die Menschen, die hier lebten, hatten noch nie etwas von diesem „ach so guten und barmherzigen Gott" gehört. Bei dem kleinsten Zweifel wurden sie, egal ob Männer, Frauen oder Kinder, gefoltert und brutal ermordet. Was musste das für ein Gott sein, der es zuließ, dass seine eigene Schöpfung (so steht es ja in der Bibel) einfach abgeschlachtet wurde?

In Europa wütete gerade die Hexenverbrennung aufs heftigste. Heute sind sich Philosophen, Mathematiker, Wissenschaftler, Forscher und Theologen einig, dass alle diese „Abermillionen" gequälter und ermordeter Menschen umsonst gestorben waren. Und das alles im Namen des Herrn, bis heute läuft dieser Schwachsinn in geänderter Form weiter. Jeder selbstständig denkende Mensch müsste sich doch unwohl in seiner Haut fühlen. Wir befanden uns bei 17°59′40′′N, 72°05′12′′W, ich fühlte mich unwohl und hatte das Gefühl, mich schauten Hunderttausende tote Augen aus dem Wasser an, war ich doch bis vor Kurzem auch diesem fatalen Irrglauben verfallen.

Im 15. und 16. Jahrhundert kam dann die zweite Katastrophe, die Seeräuberei begann. Franzosen und Engländer hatten sich hier mit schrecklichem Ruhm bekleckert. Alles im Namen der Könige und der Kirche. Doch die Gier nach Reichtum war so groß, dass sie sich nachher gegenseitig umbrachten. Alle Schrecken der Region gingen von König Philipp von Spanien 1621-1665, Sohn des deutschen Kaisers, vom König von England Wilhelm III. 1688-1712, vom König von Frankreich Ludwig XIV. 1643 - 1715 und der katholischen Kirche aus.

Ein Blick nach Steuerbord und ich sah in einiger Entfernung, dass wir auf der Höhe von Barahona 18°20′05′′N, 71°09′52′′W waren. Wir hätten noch einen Abstecher zu dieser Stadt machen können, es war eine sehr moderne und lebhafte Stadt direkt an der Küste in der Bucht de Naiba. Ich entschloss mich dann aber doch für die Weiterfahrt, die Eindrücke und Erinnerungen von La Romana überwogen.

Ich steuerte die Südspitze der Insel Beata 17°56′33″N, 71°56′25″W und der Insel Alto Velo 17°47′31″N, 71°61′15″W an, auch Jaragua National Park genannt, um dann geraden Weges nach Jamaika zu segeln. Es war jetzt früher Abend und die Sonne neigte sich langsam ins Meer. Es war ein wunderschöner, feuerroter, stimmungsvoller Sonnenuntergang, der Halbkreis verschwand zur Hälfte im Meer und die andere Hälfte über der Kimme[17]. Sofort wurde es auch kühler, sodass ich mir meinen Troyer[18] überwerfen musste. Nachdem wir unseren Rekord von 85 Seemeilen gebrochen hatten, kamen wir zu dem Entschluss, dass wir zwei einen kleinen Grog und ich ein kleines Pfeifchen verdient hatten. Dann stellte ich den Autopiloten ein und überprüfte wie in alten Zeiten Segel und Takelage, die Koordinaten wurden neu eingegeben, der Wetterbericht ergab nichts Neues. Es sollte am nächsten Tag wieder sehr warm und windig werden, für uns bedeutete dies hartes Segeln.

A.-J. schlich verdächtig oft an seinem Napf vorbei, dies war ein untrügliches Zeichen, dass er Hunger hatte. Also ging ich in die Kombüse hinunter und machte uns etwas zu essen. Für mich gab es frisches Gemüse und ein großes Steak, ich hatte ja am Vortag noch alles frisch eingekauft. Jason bekam Büffellende aus der Dose, sein Lieblingsfutter. Zur Feier des Tages gab es bei Breitengrad 71°81′18″N, 17°62′52″W in der Karibik noch ein Gläschen Rotwein aus der Heimat von meinem Winzer Zenzen aus

---

[17] Linie zwischen Wasser und Himmel
[18] Seemannspullover

Poltersdorf an der Mosel, es war ein Dornfelder 2010er halbtrocken. Nach dem Essen setzten wir uns aufs Vorschiff[19] und genossen den Abend in einer herrlichen Ruhe. Da wir noch nicht weit von Land entfernt waren, kamen einige Vögel an uns vorüber. Nach dem letzten Pfeifchen und der Nachtkontrolle ging es ab in die Koje. Die Nacht verlief ruhig, erst am Morgen, als der Wind drehte und die Segel anders positioniert wurden, gab es für mich wieder etwas zu tun. Nach einem guten Frühstück waren wir zwei fit. Wir fuhren ungefähr 80 Seemeilen vor der Insel Salto Velo, also noch ein paar Stunden und wir waren in der offenen Karibik. Ungefähr 1500 Seemeilen Steuerbord befand sich das Bermudadreieck, ganz schön gruselig. Ich machte mir Sorgen, dass ich so wenige Schiffe sah, die waren doch hoffentlich nicht alle über dieses Dreieck gefahren? Da ich nun wieder eine lange Zeit nichts zu tun hatte, verfiel ich wieder in die Vergangenheit und träumte von den alten Seeräubern. In Gedanken sah ich die alten Windjammer[20] der Seeräuber, wie sie sich gegenseitig bekämpften. So ein Segelschiff der Piraten konnte zwischen 10 und 40 Kanonen an Bord haben. Es kam auf den Kapitän an, war er erfolgreich, hatte er mehrere Schiffe und eine Mannschaft, die bis an die Zähne bewaffnet war. Ein Seeräuberkapitän war in der Regel ein hervorragender Seefahrer, außer Henry Morgan, er hatte schon einige seiner Schiffe auf Riffs gesetzt. Dafür war er ein exzellenter Stratege und Kaufmann. Morgan wurde 1635 in Wales in Großbritannien geboren. 1665 begann seine Piratenkarriere, er war der grausamste Seeräuber, den es je gab. 1669 überfiel er die spanische Niederlassung Maracaibo, das heutige Venezuela. Der Erfolg

---

[19] Zwischen Kajüte und Bug
[20] Alter Dreimaster Rahsegler

war so groß, dass er später an die 36 Schiffe besaß mit insgesamt 1800 Mann Besatzung. Danach folgte ein Überfall nach dem anderen. Und immer gab es unzählige Tote, die meisten von ihnen waren Bürger der überfallenen Städte und Dörfer. Die Menschen wurden regelrecht abgeschlachtet. Dann 1671 gelang ihm beinahe sein größter Erfolg, er überfiel Panama, doch die Stadt brannte nieder, auch sämtliche Gold und Silberschätze wurden vernichtet.

Mittlerweile hatte der englische König mit Spanien Frieden geschlossen. Panama war zu dieser Zeit unter spanischer Herrschaft, Morgan hatte aber diese Stadt vernichtet und war somit in Ungnade bei seinem König gefallen. Als Morgan zurück nach Jamaika kam, wurde er verhaftet und nach England geschafft. Aber er hatte in der Vergangenheit ein beachtliches Vermögen angehäuft, wodurch er einflussreiche Freunde hatte, die sich für ihn einsetzten. So wurde Morgan bereits 1674 wieder begnadigt, in den Adelsstand erhoben und sogar zum Vizegouverneur von Jamaika ernannt. Morgan, der Zeit seines Lebens ein starker Trinker gewesen war, verfiel diesem Hobby gegen Ende seines Lebens immer mehr. In wenigen klaren Momenten soll er Gott um Vergebung für seine Gräueltaten gebeten haben. Er gab einen Teil seiner Beute, die er aus den Kirchen in Panama und Maracaibo geraubt hatte, der Kirche in Port Royal zurück. Morgan starb am 25. August 1688 in Port Royal, Todesursache waren Tuberkulose, Syphilis und Leberversagen. Er starb für seine Missetaten verhältnismäßig friedlich und human, anders als einer seiner großen Konkurrenten „Francois Lolonois".

Mittlerweile waren wir schon auf Höhe von Enriquillo, diese Stadt wurde nach einem früheren Indianerhäuptling aus dem 16. Jahrhundert benannt. Auch hier wüteten die Spanier. Nun begegneten uns wieder mehrere Schiffe. Frachter, Fähren und einige Segeljachten waren dabei. Von Weitem wurden wir begrüßt und ein Helikopter der Küstenwache flog über unsere Köpfe hinweg. Der Wind kam von Land, wodurch unser Boot eine starke Krängung bekam. Dadurch verloren wir ein wenig an Fahrt. Auch lief das Schiff sehr unruhig. Es zeigte sich, dass wir bald an der Südspitze der Dominikanische Republik angelangt waren. Nun hätte ich gerne eine Tasse Kaffee getrunken, aber bei dieser Krängung war das absolut nicht möglich. A.–J. hatte sich in die Kombüse zurückgezogen, was er bei solchen Fahrten mit Vorliebe tat. Er lag unter einer Bank an der Bordwand, sodass er immer gerade lag, egal wie das Schiff auch krängte. Nach ca. 30 Seemeilen erreichten wir das offene Wasser und die Wellen wurden länger, der Wind kam achtern und das Boot lag wieder gerade und ruhiger. Nun wurde erst mal ein Pott Kaffee gekocht und etwas gegessen. Jason schien vor Hunger im Begriff zu sein die Kündigung einzureichen. Was ich aber mit ein paar Leckerlis gerade noch verhindern konnte. Es war schon 17:30 Uhr.

Der Schiffsverkehr wurde stärker, mit anderen Worten, an Schlafen war in dieser Nacht nicht zu denken, wir mussten einen Nachtschlag[21] machen. Den Rest heißen Kaffees schüttete ich in eine Thermoskanne für die Hundewache[22]. Dabei stellte ich fest, dass ich noch meine alte Kaffeetasse von meinem ersten Boot, der Teamwork, besaß. Eine wunderschöne weiße Tasse aus edlem Hostalen mit einem Windjammer darauf. Der Henkel war so be-

---

[21] Die Nacht durchsegeln
[22] Nachtwache

schaffen, dass man sie in die linke Hand nehmen und das Bild sehen konnte. Warum? Ist doch klar, der Skipper hat auf einem Schiff immer nur die linke Hand frei. Nachdem wir so einige Zeit dahin segelten und wieder ein paar Seemeilen geschafft hatten, sah ich, dass wir gerade auf Höhe der Westspitze die Insel Beata 17°34′42′′N, 71°34′42′′W umrundeten. Dieses Mal fuhr ich wieder zwischen dem Festland und der Insel durch, aus Erfahrung wird man klug. Ich segelte zwischen der Insel Alto Velo und Beata durch, das Echolot immer im Auge, aber es zeigte mir eine erhebliche Tiefe an. Sorgen, dass ich Grundberührung bekommen würde wie vor La Romana, bestand nicht. Es waren über 10 Seemeilen zwischen den Inseln. Auf der Insel war der Nationalpark Jaragua errichtet. Außer Palmen war von See aus nichts zu erkennen. Nach drei Stunden fuhren wir auf Höhe von Jacmel, mittlerweile waren wir schon in Haitis Hoheitsgewässern angekommen. Jacmel ist bekannt durch das verheerende Erdbeben vom 12. Januar 2010. Die Stadt wurde weitgehend zerstört. Inzwischen war es schon stockdunkel, nur von Weitem sah ich die wenigen Lichter, die noch übrig geblieben waren von der einst so schönen und großen Stadt Jacmel.

Wir segelten die ganze Nacht durch, an Schlafen war nicht zu denken, da ein reger Schiffsverkehr herrschte. Jamaika war nicht mehr allzu weit entfernt, es kreuzten hauptsächlich Kriegsschiffe unseren Weg. Wahrscheinlich hatten sie furchtbare Angst, es könnten die Nachfahren von Morgan, Graff oder Lolonois auftauchen. Im Morgendunst erkannte ich auf der Steuerbordseite die kleine Insel Ile à Vache 18°4′16′′N, 73°38′59′′W. Diese Insel, nicht größer als 52 Quadratkilometer, war im 17. Jahrhundert Ausgangspunkt für Henry Morgans und de Graffs Raubzüge. Laurent de Graff war auch ein gefürchteter und grausamer Freibeuter, er griff im Jahre 1683 die Stadt Veracruz an, es war damals die zweitstärkste spanische Hafenstadt Amerikas. Er und seine Leute plünderten die Stadt binnen 24 Stunden komplett, ehe eine starke spanische Armee zu ihrer Verteidigung eintraf. Er starb im Jahr 1650, nachdem sein Schiff im Sturm sank.

Nach kurzer Zeit brannte die Sonne nieder, dass uns Hören und Sehen verging. Ich bereitete uns ein schönes Frühstück mit frischem Kaffee und ein paar Scheiben Toast, darauf gute Butter und Tante Bettis beste Marmelade noch aus der Heimat, A.-J. bekam zur Feier des Tages Putenfleisch ohne Petersilie und Schnittlauch. Danach wurde ein Pfeifchen angezündet. Nichts Böses denkend schoss wie ein Pfeil ein Hai an unserem Boot vorbei, ich sah nur noch seine Rückenflosse durchs Wasser ziehen. Mich überkam ein ganz gruseliges Gefühl. Mal eben ins Wasser steigen war nicht. Trotz der Hitze hatte ich kein Bedarf an einer Bekanntschaft. An der Steuerbordseite hing immer eine Strickleiter eine Handbreit über dem Wasser, um im Notfall, sollte ich mal ins Wasser plumpsen, wieder an Bord zu gelangen. Aber auch trotz der Temperaturen hatte ich keine Lust auf eine Abkühlung, wahrscheinlich würde ich vor lauter Angst, der Hai könnte plötzlich Hunger bekommen, im Wasser schwitzen. Also ließen wir alles beim Alten und segelten, was das Zeug hielt, unser Boot machte gute 15 Knoten.

Nach drei Stunden waren wir auf Höhe von Les Cayes 18°12′05″N, 73°45′44″W. Früher war Aux Cayes Haitis drittgrößte Stadt und hatte den drittgrößten Seehafen.

Hier wurde mit Kaffee, Zucker, Holz und Bananen gehandelt. Am 12. August 1818 wurde die Stadt durch einen Hurrikan weitgehend zerstört und es starben über 2000 Menschen. Im Januar 2010 suchte ein großes Erdbeben die Stadt heim, wo wieder unzählige Menschen starben. Das nächste Ziel war die Halbinsel Tiburon 18°21′01′′N, 73°08′25′′W. Auch hier hatte das Erdbeben fürchterlich gewütet. Nach langer Flaute hatten wir die Halbinsel dann drei Stunden später erreicht. Immer wieder tauchten Haie auf, mal friedliche, mal aggressive. Ich überlegte, ob ich noch kurz anlege oder lieber weiterfahre? Ich warf eine Münze hoch, bleibt die Münze oben, an Land gehen, Münze fällt herunter, weiter fahren. Münze fiel auf Deck und kullerte von Bord, A –J wollte die Münze noch fangen, aber sie fiel ins Wasser. Im letzten Moment fing ich ihn auf, aber die Münze war futsch. Also weitersegeln in Richtung Jamaika, es wurde Zeit, denn der Rum ging langsam zur Neige.

Wir segelten den ganzen Tag durch und waren ungefähr 95 Seemeilen gefahren. Ich stellte fest, dass es rasant dunkel wurde und es für heute genug war. Plötzlich schlug mein Radar Alarm und auf dem Bildschirm erschien der Umriss einer Küste. Entfernung ca. 4 Seemeilen, ich schaute auf meiner Karte nach und musste feststellen, dass da gar keine Küste sein dürfte in 18°40′23′′N, 75°01′26′′W. Langsam fuhr ich näher ans Ufer, immer das Echolot im Auge. Es war schon sehr dunkel, da ich mir aber gerne die Insel anschauen wollte, ließ ich den Anker ausrauschen[23] und übernachtete hier. Von der Insel kamen seltsame Geräusche, Zwitschern, Pfeifen, Piepsen

---

[23] Anker auf Grund setzen

und Geknurre. Ich machte die Rattenbremse[24] am Ankertau fest, sicher ist sicher. Auf einen Ankerball[25] wurde verzichtet, da der Grund an dieser Stelle nur aus Sand bestand.

Als alles überprüft und kontrolliert war, stellte ich den Herd an, es gab Speckpfannkuchen. Trotz Fliegengitter hatten es einige Kampfstecher[26] geschafft in unsere Kombüse zu gelangen, die aber unbarmherzig gejagt wurden in weiser Voraussicht, da sonst die Nachtruhe vorbei war. Meine Pfannkuchen waren eine Wucht, übermütig warf ich die Pfannkuchen zum Wenden in die Luft, was auch mehrmals gelang, aber nicht immer. So geschah es, dass der Letzte etwas zu stark geworfen wurde und an der Decke für 2 bis 3 Sekunden kleben blieb und dann auf den Boden fiel. Noch nie hatte ich A.-J. so schnell erlebt wie in diesem Moment, sofort stand er mit der rechten Pfote auf dem Pfannkuchen. Da dieser aber noch heiß war, wechselte er von der rechten Pfote auf die linke und wieder zurück. Auf dem Boden kühlte er schnell ab, sodass er es sich gut schmecken ließ. Eigentlich sollte er sein Hühnerfrikassee bekommen, aber der Pfannkuchen schmeckte ihm noch besser. Nach dem Essen machte ich das Licht aus, nur die Positionslichter blieben an. Wir gingen noch mal an Deck und ich machte mir eine Pfeife an, sofort hörte ich die Mücken reihenweise abstürzen, vermutlich mit Lungenriss.

---

[24] Runde Scheibe am Ankertau, die sich dreht, falls ein Tier sie berührt, so kommt es nicht an Bord
[25] Markiert die Stelle, wo der Anker im Grund steckt
[26] Mücken

Es war ein herrlicher Abend mit den Tierlauten im Hintergrund und dem Abendhimmel mit unzähligen, noch nie gesehenen Sternen. Am Strand, wo die Wellen ausliefen, sah ich ein wunderschönes Meeresleuchten[27] und ein weiteres Phänomen in den Palmen: Dort schwirrten Tausende von Glühwürmchen[28]. Sie strahlten ein Licht aus, sodass man glatt eine Zeitung hätte lesen könnte. Es sah aus wie bei uns die Weihnachtsbeleuchtung in den Tannenbäumen. Es war ein Lichterspiel, das mich nicht mehr los ließ mit dem Ergebnis, dass wir die halbe Nacht dafür opferten. Leider musste ich Pfeifen nonstop rauchen, sonst hätten uns die Kampfstecher aufgefressen. Da es ein wenig kühl wurde, musste ein Grog nach dem anderen zubereitet werden. Die letzte Flasche Rum wurde geöffnet, was wir zwei als sehr gefährlich werteten, es war schließlich unser mythisches Universal-Heilmittel. Nach langer komplizierter Berechnung, was eine Vielzahl von Formeln und Unbekannten mit sich zog, kam ich zu dem Ergebnis, dass ich es gerade noch bis zum Hafen Port Maria in Jamaika schaffen müsste. Dort könnte ich nachbunkern und müsste kein Notsignal senden. Oder ich müsste beim nächsten Kriegsschiff, was uns begegnete, mit dem Smutje[29] ein Tauschgeschäft vereinbaren, eine Packung Reibekuchenteig gegen zwei Flaschen Rum. Würde ich aber ungerne machen, das wäre ein schlechtes Geschäft für mich. Doch ein flaues Gefühl im Magen und kein Rum an Bord könnte eine furchtbare Panik auslösen. Lassen wir es mal auf uns zukommen, in der Regel löst sich alles von alleine. Die Skepsis bei A.-J. war jedoch nicht zu übersehen.

---

[27] Ansammlungen von Mikroorganismen
[28] Die am stärksten leuchtende Art ist in Mittel- und Südamerika beheimatet
[29] Schiffskoch

Um Mitternacht gingen wir zwei in die Kojen und schliefen wie die Bären, nicht so gut, aber so laut. Es störte uns wenig, denn durch das laute Schlafen, etwa wie ein Shredder auf einem Schrottplatz, hielten wir uns alle möglichen Raubtiere von der Pelle. Mit den ersten Sonnenstrahlen standen wir auf, waschen war angesagt. Dabei fiel mir auf, dass A.-J. sich seit Romana kein einziges Mal gewaschen hatte. Eigentlich müsste er müffeln wie ein Puma, ich nahm eine Nase voll und musste feststellen, der Bursche roch überhaupt nicht streng. Dachte, der hat's gut und wusch mich weiter. So, nun ein Pott Kaffee, Toast, Rührei und gute Tante Bettis Marmelade und der Tag war gerettet.

Nun wurde das Dinghi[30] zu Wasser gelassen und der kleine Honda Außenborder BF5 3,68KW angeworfen, kurz darauf waren wir schon an Land. Kaum hatten wir den Strand betreten, ging ein Geschrei los, ich hatte das Gefühl, aus ganz Südamerika hatten sich alle Affen, Brüllaffen und sämtliche Vögel hier versammelt, um uns fertigzumachen. Einige der Affen warfen Kokosnüsse nach uns. Wir sprangen zurück zu unserem Dinghi, fuhren ein Stück von Land ab und überlegten, was zu tun sei. Eigentlich wollten wir überhaupt nichts von denen, aber das wussten die ja nicht, zu blöde. Da fiel mir ein, dass ich in einem Film über Affen gesehen hatte, wie man sie beruhigt. Nun ist es so, dass die Burschen extrem neugierig sind und das ist ihr Verhängnis. Ich fuhr zurück auf die Insel, holte blitzschnell zwei Kokosnüsse und fuhr zurück zu unserem Boot. An Bord halbierte ich die Nüsse, entleerte sie und

---

[30] Beiboot

klebte die zwei Hälften mit Panzerband[31] wieder zusammen, vorher hatte ich noch ein 30-mm-Loch in jede Nuss gebohrt. Dann nahm ich ein Tütchen Salz mit und fuhr wieder zur Insel hinüber. An Land näherte ich mich vorsichtig den ersten Bäumen, demonstrativ machte ich die leeren Nüsse mit einem Bändsel[32] an einem Baum fest und schüttete umständlich das Salz zu je der Hälfte in jede Nuss. Anschließend legte ich die Nüsse wieder in den Sand und wartete auf die Dinge, die da kommen würden. Dieser Trick wurde eigentlich angewandt, um Affen anzulocken und deren Wasserstellen zu finden. Sobald die Affen das Salz in ihren Händen hielten, ließen sie es nicht mehr los und kamen mit der Faust nicht mehr aus dem Loch heraus, dann gab man ihnen Salz zu fressen und ließ sie so eine Zeit lang in der Sonne, machte die Nuss dann auf und die Affen rannten sofort zu ihrer Wasserstelle. Somit hatte der Mensch Wasser gefunden, um überleben zu können. Wir brauchten kein Wasser, wir brauchten nur unsere Ruhe. Es dauerte keine 20 Sekunden und die ganze Affenbande stürzte sich auf die Nüsse, jeder wollte als Erster wissen, was in der Nuss war. Nun konnten wir in Ruhe die Insel besichtigen, es war eine kleine Insel, ich konnte sie gut in einer Stunde umrunden. Auf einer kleinen Anhöhe standen noch ein paar alte Mauerreste, sie sahen aus, als wären sie uralt, ganz bewachsen und verfallen. Vielleicht handelte es sich um Überbleibsel aus der Piratenzeit aus dem 16. Jahrhundert. Ein wunderbares Versteck für Piraten, die auf der Flucht waren, wie zum Beispiel Francois Lolonois, der 1665 auf der Flucht vor den spanischen Soldaten war.

---

[31] Ein sehr starkes Isolierband
[32] Kurzes dünnes Seil

Die ganze Insel war mit wunderschönen Palmen übersät. Wer weiß, ob nicht noch irgendwo auf dieser Insel ein Schatz vergraben lag? Leider hatten wir keine Zeit hier zu suchen, da wir keinen Rum mehr besaßen. Alle Schatzsucher raten davon ab, ohne Rum nach Schätzen zu graben. Die Krankheiten, die man bekommen kann, sind sehr vielfältig. Um nur einige zu nennen: Malaria, Kindbettfieber, Hängeohren, Fußnägelrollen und Kniescheibenschwund, alle sind in der Regel tödlich. Daher nie ohne Rum suchen! Zurück an unserem Ausgangspunkt jagte A.-J. die Affenbande in die Flucht. Sie wussten ja nicht, dass sie viel stärker waren, also rettete sich jeder auf eine Palme, außer unseren zwei, die immer noch mit geballter Faust in den Nüssen hingen. Vorsichtig näherte ich mich ihnen, schnitt mit einem Messer das Isolierband auf, die Nuss ging auf und die Affen mit dem Salz in der Hand waren wie der Blitz verschwunden. Die Bändsel wurden entfernt und die Schalen warf ich ins Wasser. Kurz darauf flogen auch schon wieder Nüsse in unsere Richtung, schnell hob ich drei Nüsse auf, sprang in unser Dinghi, A.-J. war schon im Boot und wir fuhren zurück auf unser Schiff. An Bord verstaute ich mein Beiboot und manövrierte vorsichtig das Schiff von Land weg, ich vermutete immer noch, dass sich Felsen unter der Wasseroberfläche befinden könnten.

Wieder im freien Gewässer setzte ich alle Segel, die gebraucht wurden und weiter ging es in Richtung Jamaika. Der Wind blies mit 10 Knoten, was nicht viel war, aber für uns genügend. Wir hatten eine Distanz von gut 120 Seemeilen zurückzulegen. Im Klartext bedeutete dies, wir hatten noch zwei Tagestörns inklusiv Nachtschlag vor uns. Wir befanden uns genau in der Mittagssonne bei 32° C, doch durch den Wind empfanden wir es nicht so schlimm.

Wir dösten mal wieder vor uns hin und ich dachte, dass sich vor gut fünf Jahrhunderten die schlimmsten Gräueltaten in diesem Gewässer abspielten, wo der Mensch nichts zählte, nur Mord, Totschlag und Gier regierten, genau da fuhr ich nun entlang. Zum Beispiel gab es den Freibeuter Francois Lolonoris, der an Brutalität sogar Henry Morgan noch übertrumpfte. Er wurde 1630 in Sables de Olonne in Frankreich geboren. 1665 wurde er Freibeuter und kämpfte gegen die Spanier. Man sagt ihm nach, dass er Gefangene brutal behandelte, um sie zu erpressen, bis sie ihr Geheimnis verraten hatten und dann wurden sie doch ermordet. Aus der Geschichte ist bekannt, dass er Gefangene mit dem Säbel die Brust aufschlitzte, das Herz herausriss und hineinbiss. Anders als sein Gegner Henry Morgan verstarb er nicht so ruhig, er erlitt 1669 Schiffbruch und wurde von Kannibalen aufgegriffen, gefangen genommen, in Stücke gehackt, gebraten und gegessen. Manchmal mahlen Gottes Mühlen doch präzise, anders als bei Henry Morgan.

Ich wurde aus meinen Träumen herausgeholt, als eine große Meeresschildkröte an unserem Boot vorbei schwamm. Ich schaute der Schildkröte noch eine Weile nach und mir fiel wieder ein, dass ich gestern am Strand einige Schleifspuren gesehen hatte. Dabei handelte es sich um Spuren von Meeresschildkröten, die dort ihre Brutstätte hatten, sie legten ihre Eier ab, die durch die Sonne ausgebrütet wurden. Wir waren nun schon über 26 Stunden seit Verlassen der Insel unterwegs. Nach meiner Berechnung müssten wir in vier bis fünf Stunden im Hafen von Port Maria 18°22'22''N, 76°54'42''W auf Jamaika sein. Der ursprüngliche Name lautete „Puerto Santa Maria" und sie war die zweite Stadt, die von spanischen Siedlern in Jamaika gegründet wurde. Früher war sie eine wohlhabende Stadt, wovon heute nichts mehr zu sehen war.

Genau nach viereinhalb Stunden liefen wir in den Hafen ein, wobei Hafen ein wenig übertrieben war. Ich fuhr achtern[33] ca. 200 Meter in eine Flussmündung ein und machte Backbord fest. Die ganze Situation war alles andere als vertrauenserweckend. Nicht weit von hier sah ich einen Supermarkt, A.-J. bekam die Bordwache aufgebrummt, was ihm überhaupt nicht passte. Doch durch seinen Unmut sah er viel gefährlicher aus, als er war. Ich rannte über die Straße und sprang in den Supermarkt in der Hoffnung Rum zu ergattern. Fand aber keinen, also fragte ich einen Kunden, der mich groß anschaute. Er stellte sich als Dr. Wykeham McBeil vor und gab mir zu verstehen, dass man hier keinen Rum kaufen konnte. Er selber würde auch keinen trinken, weil er so schlecht war. Er konnte mir allerdings nicht sagen, wo ich ihn sonst kaufen konnte. Ein anderer Kunde, der das Gespräch mitverfolgt hatte, stellte sich auch kurz vor: El Banting. Er erklärte mir, dass sich zwei Straßen weiter ein Tabak- und Spirituosenladen befand. Ich kaufte schnell ein paar Lebensmittel ein und war auch wieder verschwunden. Zurück auf unserem Boot stellte ich fest, dass sich schon ein paar junge Leute für uns interessierten. Ich zögerte nicht lange, machte unser Schiff wieder los und fuhr mit Motorkraft aus unserem so hervorragenden Liegeplatz hinaus aufs offene Meer. In 4000 Metern lag eine Insel vor der Küste, die ich ansteuerte, ich ankerte aber vorsichtshalber auf der Nordseite. Da es viele Riffs gab, blieb ich eine Seemeile

---

[33] rückwärts

vor dem Strand in sicherem Abstand. Vorsichtshalber setzte ich auch den Ankerball.

Langsam wurde es dunkel, ich nahm die Pfanne aus dem Schab und es gab Spiegelei mit Speck, für A.-J. kam sein Lieblingsfutter in den Napf, Büffellende mit wenig Fett. Es war ein schöner Abend mit Sonnenuntergang und anschließendem Sternenhimmel. Um Rum zu sparen, den ich nicht gekauft hatte, weil es mir zu weit und zu unsicher war, gab es eben ein Gläschen Rotwein. Außerdem musste ich mich um meine Korrespondenz kümmern, ich hatte schon lange nicht mehr mit zuhause telefoniert und wollte mich auch mal wieder bei Olaf melden. Anschließend skypte ich mit Petra und Klaus, die mittlerweile in Richtung Ciudad del Carmen unterwegs waren, das an der Küste am Golf von Mexiko liegt.

Am anderen Tag ging es weiter in Richtung Montego Bay 18°29′5″N, 77°54′44″W, einer Stadt mit etwa 83.500 Einwohnern im Nordwesten Jamaikas, hier werden wir auf jeden Fall unseren Rum erhalten. Die Nacht blieb ruhig und wir konnten ein wenig Schlaf nachholen, der uns in den zwei vorherigen Nächten abhanden gekommen war. In den frühen Morgenstunden, die Sonne ging gerade auf, setzte ich Großsegel und Genua[34] und fuhr los. Der Wind war für uns wie geschaffen, unsere Geschwindigkeit konnte sich sehen lassen. Wir fuhren in einem großen Abstand an der Küste vorbei, befanden sich doch sehr viele Riffs in Küstennähe. Hier fuhr Henry Morgan am 26. Februar 1676 einige seiner Schiffe zu Bruch. Die Küste zwischen Port Maria und Montego Bay war nicht

---

[34] Die Genua ist größer als das Großsegel und wird anstelle der Fock gesetzt

sonderlich interessant, die Küstenorte waren verhältnis-mäßig klein und lebten überwiegend von Tourismus, Fischfang, Salz und Rum.

Wobei man mit dem Begriff Tourismus und Rum vorsich-tig sein sollte, Hotel und Gastronomie werden nicht son-derlich ernst genommen. Vom Rum, der überwiegend illegal gebrannt wurde, sollte man selbst seinem Hund keinen Grog servieren, er könnte erblinden, nicht weil er so stark ist, nein, weil er so schlecht ist. Wir waren auf Höhe Rio Bueno 18°47'34''N, 77°47'20''W und segelten weiter in Richtung Famouth. Es dauerte aber etwas länger, da der Wind nicht mehr so günstig blies. Doch die Fahrt war sehr ruhig und erholsam, sodass wir uns ein köstli-ches Mal zubereiten konnten, für mich gab es Bandnu-deln mit Roquefort[35] überbacken, für A.-J. Pansius palavi[36]. Nach dem Essen ein Mokka und Pfeifchen für den Skipper, für den Admiral ein starker Grog ohne Rum, was gar nicht gut bei ihm ankam. Sein Blick verriet mir, dass der nächs-te Klabautermann freie Hand hätte, er würde nicht ein-greifen. Er schaffe es auch alleine nach Mexiko, Klaus und Petra würden ihm schon einen Grog servieren.

Nach einiger Zeit tauchte in der Ferne die Hafenstadt Famouth 18°49'14''N, 77°65'59''W auf, auch an ihr segel-ten wir in sicherer Entfernung vorbei. Hin und wieder fuh-ren einige Fischerboote an uns vorbei, vereinzelt wurden wir gefragt, ob wir Fisch kaufen wollten. Da sie aber keine Käpt'n Iglo Fischstäbchen zu bieten hatten, kauften wir auch keinen. Wieder fuhren wir die ganze Nacht durch,

---

[35] Schon die Römer kannten roquefortartigen Käse, wie Plinius der Ältere im Jahre 79 erwähnte
[36] Haifischpansen mit Schwertfischleber, leicht gedünstet, stinkt bestialisch

morgens gegen sechs Uhr sahen wir am Horizont die Stadt Montego Bay 18°28'10"N, 77°55'16"W auftauchen. Auf See erscheint alles sehr nah, doch das täuscht. Durch die hohe Luftfeuchtigkeit entsteht eine optische Täuschung. So meint man, in wenigen Stunden sei das Ziel erreicht. Auch ich fiel wieder einmal darauf rein. Erst gegen Nachmittag erreichte ich den Hafen von Montego Bay, eine Stadt mit 84.550 Einwohnern im Nordwesten Jamaikas.

Vermutlich am 10. Mai 1494 (da war die Welt noch in Ordnung) fuhr Christoph Kolumbus zum ersten Mal in die Bucht von Montego Bay, er nannte sie El Golfo de Buen Tiempo - „Gute Wetter Bucht". In den Jahren bis 1655 legten viele spanische Schiffe dort an, um Verpflegung, Schweine und Rinderfett an Bord zu nehmen. Aus dem Wort „menteca" (Speck) wurde Montego Bay. Der Hafen von Montego Bay 18°29'10"N, 77° 54'40"W wird regelmäßig von Kreuzfahrtschiffen angelaufen, unter anderem von der AIDA.

Ich vertäute[37] das Boot und wir gingen wie schon so oft zum Zoll. Der Zollbeamte Alfonso Reyes war ein sehr freundlicher älterer Herr. Er erzählte mir, dass sein Ururgroßvater Gustav Rummelbach 1892 aus Deutschland nach Jamaika ausgewandert war. Er war Rumeinkäufer für Kaiser Wilhelm II. Leider fiel er in Ungnade, er hatte ein Fässchen Rum abgestaubt. Hier lernte er dann seine Frau Tehuti Ra kennen und blieb. Im Jahre 1911 änderte er seinen Namen, er nannte sich danach Bernardo Reyes. Anschließend machten wir noch einen Besuch beim Ha-

---

[37] Boot am Liegeplatz festmachen

fenmeister Stephen Cedella Nesta Marley. Er taxierte mich von oben bis unten und war sich wohl im Stillen klar darüber, wie hoch die Liegegebühr würde. Doch ich unterbrach ihn in seiner mathematischen Hochfinanzkalkulation, indem ich ihm einen schönen Gruß von Jamaikas Tourismusminister Edmund Bartletts Großcousine Yvette Belnavis mütterlicher Seite bestellte.

Sofort brach sein Hafengebührszenario zusammen, er schwankte zwischen kostenlos, Minimalpreis oder Sturz ins Hafenbecken. Ich sah ihm an, dass er mit dem Namen nichts anfangen konnte, aber das konnte er natürlich nicht zugeben. Er bedankte sich, wies mir einen exzellenten Liegeplatz zu und machte mir ein sehr moderates Angebot bezüglich der Liegegebühr. Er wünschte mir noch einen angenehmen Aufenthalt und alles Gute. Es war schon sehr dunkel, sodass wir nicht mehr viel unternehmen konnten. Ich machte mir einen guten Tee und ab ging es ins Bett. Doch wie das Schicksal so spielte, besuchte doch der sogenannte Tourismusminister Edmund Bartlett am darauf folgenden Tag just diesen Hafen. Er wollte sich erkundigen, ob alles in Ordnung sei, der Hafen lag schließlich voll mit ausländischen Jachten. Auch zu mir kam der Minister gemeinsam mit dem Hafenmeister Cedella Nesta Marley. Ich begrüßte den Minister, als wären wir schon seit Jahren die besten Freunde, Cedella Nesta schaute ganz ehrwürdig zu uns herüber. Er verstand das alles nicht mehr. Der Minister war auch überrascht, dachte wohl, ich wäre ein guter Freund von Hafenmeister Nesta Marley.

Der Tourismusminister Edmund Bartlett fragte mich: „Was führt sie zu uns, warum sind sie hier?" Ich überlegte kurz und dachte, was soll es, was kann passieren? „Also, das ist so, ich bin beauftragt worden vom Vorstand unseres Segelklubs Dr. Kalli Schnurzbeck und Prof. Dr. Willibert Adelgund des „Rumsegel Törn e.V. Faid Mitte" größere Mengen Jamaika Rum der Marke „Original Capt. Morgan" einzukaufen." Der Minister strahlte über das ganze Gesicht, er freute sich, dass wir im fernen Germany an sein Land Jamaika dachten. Er wies den Hafenmeister an mich in das beste Geschäft zu führen, wo es diesen Rum zu kaufen gab. Nun verstand der Hafenmeister überhaupt nichts mehr. Der Minister verabschiedete sich von mir, wünschte mir noch einen schönen Aufenthalt in Montego Bay. Mit dem Hafenmeister vereinbarte ich, dass wir uns am anderen Morgen um 8:30 Uhr in seinem Büro treffen sollten.

Am anderen Morgen, es war Freitag der 20. Januar 2012 hatte ich Admiral Jason zur Wache auf unserem Schiff eingeteilt, was ihm überhaupt nicht gefiel. Pünktlich um 8:30 Uhr stand ich vor dem Hafenmeisterbüro, er gab mir einen Trolley[38] mit und wir machten uns sofort auf den Weg. Wir gingen vom Hafenbüro in Richtung City auf den Sunset Drive weiter auf Alice Eldemire Drive, dann an einer Apotheke vorbei und in den Calypso Drive, bogen in eine kleine Gasse, dann zeigte mir Hafenmeister Marley mit der Hand, dass in 50 Metern auf der rechten Seite gegenüber den Ferienhäusern der Getränkemarkt war. Ob er nicht mitkommen wollte, fragte ich ihn? Er verneinte mit der Begründung, er müsste noch Medikamente für seine Frau Karmine aus der Apotheke abholen. Ich ging in die mir zugewiesene Richtung und kam an einem Ge-

---

[38] ein mit Rollen versehenes Transporthilfsmittel

schäft vorbei, wo mit einer riesigen Piratenfigur vor der Tür, die unverkennbar den Piratenkapitän Henry Morgan darstellen sollte, geworben wurde. Es war ein prächtiges und sehr aufwendig saniertes altes Herrenhaus aus dem 19. Jahrhundert. Nach ein paar Sekunden Begeisterung kam bei mir die Preiskalkulation zurück und ich stellte fest, hier wird es teuer.

Meinen Trolley parkte ich vor der Türe in der Hoffnung, dass er auch später noch da wäre, aber er hatte ja das Logo von unserem Hafen „Montego Bay Jacht Club" auf beiden Seiten befestigt. Ich ging auf die Eingangstüre zu und betrat den Laden. Kaum dass ich die Eingangshalle erreicht hatte, kam mir auch schon ein Verkäufer entgegen mit einem für Jamaikanische Männer seltenen Lächeln im Gesicht und stellte sich vor: „Karl Schmitt, Filialleiter der Rum Brother Company" und gab mir die Hand. „Kapitän Manfredo", erwiderte ich. Ich fragte ihn, woher er kam, in einwandfreiem Deutsch antwortete er mir, dass er aus Rüdesheim aus der Drosselgasse komme. Nun wollte ich natürlich wissen, wieso er hier war. Er hatte 1982 seine Frau bei einem Reggae-Konzert von Bob Marley in Zürich kennengelernt, sie war Background-Sängerin in dieser Gruppe. Nun war er hier und es ging ihm gut.

Wir gingen zur Theke, es war eine Schiffskiste, die wohl mal einen alten Windjammer zierte. An der Wand stand ein Regal mit den feinsten Rumsorten, die man sich vorstellen konnte.

Nur einige, die mir gleich auffielen:

Captain Morgan Rum Tattoo	1 l	13, 95€
Captain Morgan Rum Black Label	1 l	12, 49€
Havana Club Maximo	0, 5 l	1.095,00 €
Captain Morgan spiced gold	0, 75 l	13, 49 €
Captain Morgan Private Stock	1 US gal lqd[39]	29,96 €

usw., usw.

Die Flaschen waren alle in Jamaika Dollar ausgezeichnet, sie kosteten zum Beispiel 13,95 € = 1.500,00 J$ und 1.095,00 € = 136.765,50 J$! Bei diesen Preisen wurde mir kurz schlecht. Ich hatte das Gefühl Jamaika stände kurz vor einer Währungsreform wie in Deutschland am 20. Juni 1948, doch es gab einige Kostproben, die natürlich gleich in den Kopf stiegen. Auch die von dem guten Maximo, wobei die Menge die gleiche Größenordnung hatte, die Admiral Jason immer in seinen Eierbecher bekam (1/10). Nach einigen Rumproben wurde der Handel eröffnet. Er nannte Preise, die ich wild ablehnte, zum Schluss deutete ich noch auf den Landsmannrabatt hin, was dann tatsächlich den Durchbruch brachte. Nach zähen Verhandlungen und der Warnung, dass ich, sollte er mich über den Tisch ziehen, Kontakt mit unserem Außenminister Guido aufnehmen würde und er dann Einreiseverbot erhielte. Er jammerte und zeterte, dann einigten wir uns am Nachmittag auf einen vernünftigen Preis. Er stellte einige Marken zusammen: Captain Morgan Rum Tattoo, Captain Morgan spiced gold und Captain Morgan private Stock Rum. Die Marke Havanna Club Maximo ließ ich außen vor, sonst hätte ich mein Schiff verkaufen müssen. Die Menge, die ich gekauft hatte, wird aus Datenschutzgründen verschwiegen. Nachdem ich bezahlt hatte, wur-

---

[39] 1 gal =3,8 l

de mir noch ein Präsent überreicht, es war eine Flasche Rum Coco Mania Koko Kanu[40] 0,5l in einer kleinen Schatzkiste. Wir packten alles auf meinen Trolley, legten noch eine Folie darüber als Sichtschutz, dann verabschiedete ich mich und zog los. Nach all diesen Rumproben war das ein verdammt harter Rückweg. Am Boot angekommen wurde sofort alles eingebunkert[41] und gesichert. A-J war alles andere als gut gelaunt, er war ein wenig säuerlich. Mittlerweile hatte uns gegenüber ein Kreuzfahrtschiff der Reederei AIDA festgemacht, es war der Luxusliner AIDA Luna. Um die Spuren der Rumprobe etwas abzumildern, machte ich mir erst einmal eine Tasse Kaffee, schob noch einen Toast nach und merkte sofort, dass die mittelschwere Rumprobenallergie verschwand. Nach einer kurzen Bedenkzeit verließ ich gemeinsam mit meinem Admiral das Boot und wir gingen in Richtung City. Wir stiegen in den nächsten Bus und fuhren bis Ecke Howard Cooks HWY und W. Green Ave, wo auch gleich unser Ziel war. Am südlichen Stadtausgang befand sich das übersichtliche Westgate Shopping Center mit Tankstelle, Bank und Geldautomaten. In der Bank tauschte ich einige Euroscheine gegen kleine Dollarscheine um. Zahlte man mit großen Scheinen, bekam man das Wechselgeld in Jamaika Dollar zurück. Daher fand ich es ratsam mit fünf US-Dollarnoten zu zahlen.

Wir gingen in den nächsten Supermarkt, den MegaMart Wholesale Club und kauften Lebensmittel sowie einige Gebrauchsgüter, die mit der Zeit verbraucht und ver-

---

[40] Zu Ehren der jamaikanischen Ureinwohner, der Arawak Indianer, wurde dieser Appletonrum KOKO KANU genannt. Eine wundervolle Mischung aus natürlichem Kokonussaroma und feinstem Jamaika Rum.
[41] Verladen

schlissen waren. Anschließend gingen wir in ein Restaurant „Martina's Juice Bar and Grill" und ließen es uns gut schmecken. Jedoch war es nicht gerade preiswert, für mich gab es ein Jamaika Lachsfilets auf Linguine[42] mit Paprikaschaumsoße und Jason bekam ein Schwertfischsteak mit Passionsfrucht, aber ohne Schwert, Papaya und Vanille. Nach dem Essen fragte mich der Kellner: „Would you like some mocha?" „Oh yes, that would be nice. If you can also provide us with some more water without rum for my admiral, we would very much appreciate it"[43]. Dieses Lokal war nur ein paar Schritte von unserer Bushaltestelle entfernt, sodass wir nicht so weit zu laufen hatten. Nachdem ich unsere Zeche bezahlt hatte, machten wir uns auf den Rückweg zu unserem Boot. Am Schiff angekommen, verstaute ich die Einkäufe schnell in verschiedene Schabs[44], denn es wurde schon langsam dunkel. Von der anderen Kaianlage, wo die AIDA lag, kam laute Musik zu uns herüber. Den Abend wollte ich hier eigentlich noch in Ruhe verbringen, am nächsten Morgen war unsere Abreise geplant.

---

[42] Ähneln Spaghetti, sind jedoch sehr flach und breit
[43] Möchten Sie noch einen Mokka? Oh ja, sehr gerne. Könnten Sie uns auch noch ein bisschen Wasser ohne Rum für meinen Admiral bringen? Vielen Dank!
[44] Regalfach in der Kombüse

7. Kapitel

Am Samstag, den 28. Januar 2012 war die Nacht schon um 05:30 Uhr vorbei. Wir hatten sowieso kein Auge zugetan, weil von der gegenüberliegenden AIDA Luna die ganze Nacht laute Musik herüber dröhnte. Von „Oh du schöner Westerwald" oder „Ich mööch zo Foß no Kölle jon" und „An der Nordseeküste am plattdeutschen Strand" usw. wurde alles gespielt. Ich hörte noch den Wetterbericht ab, das war unser Glück, denn es wurde ein sehr starker Sturm gemeldet. Also beschloss ich erst am Sonntag, den 29. Januar loszusegeln. Den Samstag verbrachten wir in der Stadt, die einiges zu bieten hatte: Alte Bauwerke aus dem Mittelalter und ein neuer Airport, der in unmittelbarer Nähe war. In den frühen Abendstunden gingen wir in Hafennähe zu einem Fischrestaurant „Robbie Joseph's SEAHORSE GRILL". Wir bekamen einen Tisch zugewiesen und uns wurde eine Speisekarte gereicht. A.-J. stellte man sofort einen Napf mit Wasser bereit. Nachdem er diesen Napf genau untersucht hatte und feststellte, dass kein Rum darin war, war die Sache für ihn erledigt. Nun gab ich unsere Bestellung auf, für mich ein Rocky Point Conch of Curry, A.-J. bekam BBQ Chicken. Als Dessert gab es Sweet Potato Coconut Pecan Pie mit heißem Rum serviert. Nach dem Essen gingen wir wieder zu unserem Schiff, mittlerweile war es 20:15 Uhr und stockdunkel. Es wurde kein Licht mehr eingeschaltet an Bord, auch hier gab es Tausende von Kampfstechern. Zu meiner Freude stellte ich fest, dass die AIDA Luna abgelegt hatte, auch der Sturm hatte sich gelegt. So versprach es eine ruhige Nacht zu werden.

Sonntagmorgen um 07:00 Uhr suchte ich den Hafenmeister auf, bezahlte meine Liegegebühr, ging zum Zoll und eine Stunde später segelten wir los. Wir hatten nun einen mehrtägigen Törn vor uns von ca. 375 Kilometer oder 202,5 Seemeilen, voraussichtlich brauchten wir zwei Tage und Nächte. Unser nächstes Ziel war die Hafenstadt George Town auf der Insel Grand Cayman 19°17'12"N, 81°22'55"W, eine kleine Insel von nur 197 Quadratkilometern. Sie ist die größte der drei Kaimaninseln in der Karibik. 2010 waren knapp 39.000 Einwohner gemeldet, alleine in der Hauptstadt George Town leben ca. 27.000 Menschen, sie ist das Zentrum des Bankwesens der Kaimaninseln. Die Stadt gilt als fünftgrößter Finanzplatz der Welt. Die meisten international tätigen Banken, auch die größten deutschen, sind hier mit Filialen präsent. Die Deutsche Bank hat hier eine Niederlassung in der Cricket Square 171 Elgin Avenue.

Nach der Entdeckung durch Christoph Kolumbus am 10. Mai 1503, als seine Schiffe vom vorgesehenen Kurs abtrieben, wurde die Inselgruppe ursprünglich nach den auf ihr lebenden Schildkröten „Las Tortugas" genannt, seit 1540 heißen sie „Caymanas". Aber erst ab 1666 wurden die Inseln, von Jamaika ausgehend, besiedelt, aufgrund häufiger Plünderungen verließen die Siedler das Land jedoch wieder. Im Vertrag von Madrid von 1670 erkannte Spanien die englische Oberhoheit über Jamaika und die Kaimaninseln an; diese gehörten jedoch zu Jamaika. Seit 1734 sind die Inseln bis heute durchgehend besiedelt.

Im September 2004 zog der Hurrikan Ivan mit Kategorie 5 in etwa 50 km Entfernung an Grand Cayman vorbei, wobei er mit Windgeschwindigkeiten von bis zu 290 km/h mehrere Todesopfer forderte und 80% der Gebäude auf der Insel zerstörte. Genau da wollten wir hin in der Hoffnung, dass uns kein neuer Hurrikan heimsuchen würde. In der zweiten Nacht, ich war reichlich müde und ein wenig eingenickt, kam uns ein Rahsegler entgegen, ein Zweimaster, eine sogenannte Brigantine. Der Typ glich der Falado von Rhodos, mit der ich vom 11. bis 18.04.1982 über die Ostsee geschippert war. Das Schiff kam näher und ich konnte seinen Namen lesen, es war die nachgebaute Götheborg (mit „th").

Das Original lief 1745 auf seiner Heimreise von China im Hafengebiet von Göteborg auf Grund und sank. Im Jahre 1984 wurde sie wieder gefunden, das Segelschiff wurde 1:1 hochseetüchtig nachgebaut. Eigner dieses Schiffes war die Reederei Svenska Ostindiska Companiet. Heimathafen war Göteborg, das Schiff konnte 80 Personen Platz bieten. Die schwedische Flagge wehte achtern stark im Wind und wurde wohl bei Sonnenuntergang vergessen einzuholen. Nachdem wir auf gleicher Höhe waren, wurde ein lautes Begrüßungsszenario in Gang gesetzt. Wie es aussah, hatten die Schweden auch gerade größere Mengen Rum auf der Halbinsel von Grand Cayman „Rum Point" eingebunkert. Für schwedische Verhältnisse war das sicherlich recht günstig, leider aber auch fatal bezüglich des Alkoholgehaltes. Meine größte Sorge war: „Hoffentlich fällt keiner über Bord!" Immerhin war es schon ziemlich dunkel.

Am frühen Dienstagnachmittag, den 31. Januar 2012 fuhren wir in den Hafen von George Town, wobei Hafen absolut übertrieben war. Es war ein Sandstrand, wo man ankern konnte, ich machte mein Dingy klar und wir zwei setzten über. Am Strand angekommen machten wir das Beiboot fest, gingen den Strand etwas hoch und kamen auch schon bald an eine Straße. Auf der gegenüberliegenden Seite der N.-Church Str. lag ein kleines Restaurant „Rackham's Pap & Restaurant", ansonsten sah alles sehr teuer aus. Ich überlegte, ob ich mir ein feines Bier gönnen sollte. Das fand ich dann auch akzeptabel und so gingen wir über die Straße und setzten uns in den Biergarten. Ich bestellte mir ein Bier bei dem Kellner, der trotz der furchtbaren Hitze im feinen schwarzen Frack einher kam, kurz darauf kamen drei Kellnerinnen. Das machte mich sehr stutzig, aber es klärte sich schnell auf: Eine Kellnerin brachte das Bier, die Zweite einen Napf mit frischem Wasser, die Dritte war nur zur Sicherheit dabei, dass die anderen Mädels sich nicht verlaufen und den Tisch nicht finden würden. Es war ein herrliches kühles Bier, bei dieser Hitze trank sogar A.-J. Wasser aus dem bereitgestellten Napf, obwohl kein Tropfen Rum darin war.

Nach einer guten Stunde bezahlte ich mein Bier, es war ein stolzer Preis, 7,45 CI $[45] hatte ich zu zahlen[46]. Nachdem wir uns ein wenig umgesehen hatten, kam ich zu dem Entschluss, dass diese Stadt für mich viel zu teuer war. Nach der traditionelle Art, das Schicksal entscheiden zu lassen, warf ich wie immer eine Münze in die Luft, fällt sie runter, reisen wir wieder ab, bleibt sie oben, verweilen wir noch ein paar Tage. Das Schicksal hatte entschieden, wir reisten ab. In den frühen Morgenstunden am Mittwoch, den 01.02.2012 um 9:15 Uhr legten wir ab. Unser Kurs ging nun direkt Richtung Mexiko in die Hafenstadt Cancún.

---

[45] Für Kaiman-Dollar (1 CI$= 1,2 US$ oder 0,9370 €)
[46] Das Bier kostete 8,94 US$ oder 7,30 €

Der Wind blies für uns günstig, wir machten einen guten Schnitt von 13 Knoten und 24,08 km, nach meiner Berechnung müssten wir die Distanz bis nach Mexiko in drei Tagen schaffen. Es war jedoch ein reger Schiffsverkehr zwischen Mexiko und den Grand Cayman Inseln. Wahrscheinlich brachten die mexikanischen Drogenbarone schlichtweg ihr Geld nach George Town in die Deutsche Bank. Nur zwei der größten Drogenbaronen Mexikos, Joaquin Gutzmán, genannt „El Chapo" (der Kurze) und sein Kumpel Ismael Zambada, genannt „El Mayo" und offiziell die Nummer zwei des Kartells, waren bekannter und reicher als der Präsident Mexikos und beliebter in manchen Bevölkerungsgruppen.

Hin und wieder kamen uns einige Kreuzfahrtschiffe entgegen, auch wieder ein AIDA Cruises, die „aura". Da unsere Bundesflagge am Heck wehte, waren wir leicht zu erkennen. Ein kurzer Gruß von der „aura" in Form eines tiefen Schallsignals erzeugt durch ein Schiffstyphons[47] und wir segelten weiter unseren Kurs. An Haie und Delfine hatten wir uns nun schon gewöhnt, hin und wieder begegneten uns ein paar Rochen, die eine beachtliche Größe aufzuweisen hatten. Pelikane, Fregattvögel, Kormorane und Tölpel flogen uns ständig um die Ohren immer auf der Suche nach etwas zu futtern. Der Tag verflog im Nu, hatte ich doch alle Hände voll zu tun. Meine Automatik zeigte bei dieser Hitze hier und da Ausfallerscheinungen. Ab und zu hatte ich keine GPS-Daten mehr zur Verfügung, also musste der Kurs von Hand erstellt werden. Als Nächstes fiel der Thermoschalter für den

---

[47] Schiffshorn mit 143 dB

Winschmotor[48] wegen der Wärme aus. Admiral Jason lag derweil unten in der Kombüse an der Bordwand, die immer etwas kühler war. Doch gegen Abend wurde es erheblich kühler, meine Automatik funktionierte wieder einwandfrei, ich aber warf mir den Troyer[49] über und bereitete das Abendessen zu. Nach dem Essen gab es einen starken Kaffee oder auch zwei, wir mussten ja durch die Nacht segeln. Der Wind nahm zu, was mich ein bisschen beunruhigte, ein alter Seemannsspruch besagt: „Abends schläft der Wind ein", hier scheinbar nicht. Gegen Mitternacht wurden meine Befürchtungen wahr, es zog ein kleines Gewitter auf, was hier allerdings selten vorkam und wenn dann gleich so, als würde die Welt untergehen. Mit der Erfahrung aus den vergangenen Zeiten schaltete ich vorsichtshalber meine Navigation und Kommunikationsgeräte ab. Vorher schrieb ich alle Daten auf, wir setzten uns auf die Bank achtern und schauten uns das Szenario in Ruhe an. Es dauerte jedoch nicht lange und der Zauber war schnell vorbei.

Die Blitze und Donner in der Ferne hörten sich an wie Kanonenschläge von alten Windjammern. Angeregt vom Donner schaute ich mir die Koordinaten an, wir waren bei 20°41'14''N, 85°24'52''W angekommen, genau an dieser Stelle tobte einmal eine verheerende Seeschlacht. Engländer unter Charles Howarg und Vizeadmiral Francis Drake, ein ehemaliger Freibeuter, kämpften gegen eine spanische Armada des König Philipp II. unter Admiral Herzog von Medina Sidonia. Zwischen 1569 und 1580 kam es in der Karibik zu inoffiziellen Feindschaften zwischen Eng-

---

[48] Zum Einholen der Mast- und Baumschot (Seil)
[49] gestrickte Wolljacke, Sweater oder Unterhemd aus Wolle

land und Spanien. Königin Elisabeth I. unterstützte die gegen Spanien gerichtete Piraterie, wollte aber den offenen Krieg vermeiden. Ursache der Feindlichkeiten beruhten auf folgendes Ereignis: Als Engländer 1568 im Hafen von San Juan de Ulúa im Golf von Mexiko ihre Schiffe reparierten, wurden sie von einer starken spanischen Flotte überfallen und nur wenige entkamen nach England. Das wurde als Wendepunkt der bis dahin neutralen Beziehung zwischen England und Spanien angesehen. Handel, religiöse Zwistigkeiten und Misshandlungen britischer Gefangener, bis hin zu deren Verbrennung als Ketzer durch die Spanier, entfachten die offene Feindschaft.

Die Angriffe englischer Freibeuter wie Drake und Hawkinis in der Karibik oder die Weltumsegelung des Francis Drake (1577–1580) forderten die Spanier in ihren Kolonien heraus und brachten den Silberfluss aus dem bolivianischen Potosí nach Spanien zum Stocken. Am 4. April 1581 erhob Elisabeth Drake an Bord seines Schiffes in den Ritterstand. Sie ließ ihn aber von einem französischen Diplomaten zum Ritter schlagen. Wahrscheinlich war das als Affront gegen den König von Spanien gedacht und sollte dazu beitragen Spanien in einen Konflikt mit Frankreich zu verwickeln. Ärgerlich für Philipp II. war, dass die englische Königin Drake auch noch adelte, anstatt ihn, wie von ihm in einer Protestnote gefordert, auszuliefern. Philipp II. unterließ nichts, um Königin Elisabeth nach dem Leben zu trachten. Er bediente sich auch der Exkönigin von Schottland Maria Stuart, die in England im Exil lebte. Maria Stuart wurde verdächtigt an einem geplanten Attentat auf die englische Königin beteiligt gewesen zu sein, sie wurde 1587 hingerichtet.

So, nun zur Seeschlacht vom 14. Mai. 1580 vor der Küste „Caymanas", so heißt diese Insel seit 1540, und der Küste Cancún in Mexiko. Die Armada der spanischen Flotte wurde fast vollkommen vernichtet. Ihre Schiffe waren zu groß und zu schwer, ihre Kanonen waren noch aus Eisen und ihre Reichweite zu gering. Die Schiffe der Engländer waren leichter und schneller, da die Kanonen schon aus Bronze waren, hatten sie den Vorteil, dass sie weiter und präziser schossen.

Nun segelten wir genau durch dieses Gebiet, unter uns lagen womöglich Dutzende von Schiffswracks. Abergläubig, wie nun mal ein Seefahrer war, traute ich mich nicht über die Reling zu schauen. Na, womöglich wäre ein Piratenhut aufgestiegen, der zwischen der Takelage eingeklemmt war, möglicherweise mit Inhalt, wie gruselig und das in der Nacht. „Nein Danke!" Ein Blick auf meine Uhr zeigte, dass es genau 23:59 Uhr war. Die Wolkendecke riss kurzzeitig auf und der Mond schickte ein leichtes diffuses Licht auf unser Boot, was die Situation noch verstärkte. Das Grußelszenario war noch nicht zu Ende. Wir saßen auf der Bank achtern und schauten voller Aberglauben in die Nacht. Im Blickwinkel bemerkte ich, wie an Steuerbord zwei schwarze Hände über die Reling griffen. A.-J. sah sie zuerst, für ihn war klar, das musste ein Klabautermann sein. Doch ich war da anderer Meinung, beide zitterten wir vor Wut, es war ein Geräusch zu hören, als fielen unzählige kleine Kieselsteinchen in eine Glasschüssel. A.-J. ging in Angriffsposition, ich ging den Niedergang hinunter in die Kombüse, öffnete das untere Schab, holte die große Gusseisenpfanne heraus und schlich mich leise wieder an Deck. A.-J. fixierte derweil die vermutete rechte Hand, ich die linke. Wie ein Blitz schoss

A.-J. auf die Reling zu und biss in das schwarze Teil hinein, gleichzeitig schlug ich mit der Pfanne auf das linke. Ein seltsam gurgelnder Laut ertönte und wir hörten etwas ins Wasser fallen. Ich leuchtete mit der Taschenlampe ins Wasser und sah, wie eine Krake das Weite suchte. Ich war mir sicher, dass es die Pfanne war, die sie zur Flucht zwang, vielleicht hatte sie schon einige Familienmitglieder verloren, die in so einer Pfanne als Calamari gestrandet waren.

Ich ventilierte die Situation noch einmal durch, prüfte unseren metaphysischen Zustand, machte noch eine analytische Aufarbeitung dieses Überfalls, der immerhin einige Sekunden gedauert hatte. Auch wurden einige Details lokalisiert und geklärt. So stellte sich heraus, die Geräusche (Kieselsteine in Glasschüssel) waren wohl unsere Zähne, die da klapperten, das Zittern vor Wut stellte sich wohl als Zittern vor Angst heraus. Auch die schwarzen Hände offenbarten sich als die zwei Fangarme der Krake. Rückblickend konnte es einem ganz schön flau werden. Gegen dieses flaue Gefühl im Magen machte ich uns sofort einen medizinischen Grog, für mich ein Glas, das mit Wasser ausgespült und zwei Minuten zum Austrocknen stehen gelassen wurde, um es dann mit Rum aufzufüllen, für den Admiral den üblichen medizinischen Eierbecher. Nachdem wir unsere Medizin heruntergeschluckt hatten, merkten wir sofort, wie sie im Magen ankam, unsere Medizin von Ratiopharm: Captain Morgan spiced gold Rum.

Nach diesem unsäglichen Kampf, der uns sehr viel Kraft kostete, schliefen wir zwei auf unserer Bank vor Schwäche einfach ein. Das Gewitter war inzwischen vorüber. Gegen fünf Uhr morgens, es war kühl geworden, wurde ich wach, hinter uns ging die Sonne langsam auf und es sah nach einem wunderschönen Tag aus. Mit einer gehörigen Portion Vorsicht schaute ich über die Reling, ob uns dieses Monster nicht verfolgte. Für A.-J. war die Sache erledigt, klar, er war ja der Monsterjäger. Ich werde mir überlegen, ob er sich nicht einen Tapferkeits-Orden verdient hatte. Es war Donnerstag, der 02. Februar 2012 und langsam lief der Tag an. Die Waffen (Bratpfanne) wurden eingesammelt und wieder an ihren Platz gebracht, Kaffeewasser aufgestellt, Ei gekocht, Tisch gedeckt und gefrühstückt. Es wehte eine frische Brise, sodass unser Boot gut in Fahrt war. Es waren noch 110 Seemeilen bis Cancún in Mexiko zurückzulegen. Die Stadt Cancún 19°11′14″N, 96°8′11″W wurde erst 1969 von der mexikanischen Regierung als Touristenmetropole ausgebaut. Vor zwei Jahren, vom 29. November bis 10. Dezember 2010, fand die 16. Weltklimakonferenz der vereinigten Nationen COP statt. Die Touristen Cancúns kamen überwiegend aus den USA und Kanada. Gäste aus Europa stellten eine kleinere Gruppe, wozu wir zwei auch gehörten.

Der Wind wurde etwas stärker, wodurch wir eine starke Krängung[50] bekamen, ich wollte aber auf keinen Fall auch nur ein Grad verschenken. Die Zeit war uns davongelaufen, eigentlich sollten wir schon längst in Mexiko sein. Zugegeben, so eine Fahrt mit der Krängung war nicht unbedingt angenehm, es ging kräftig in die Beine. Für A.-J. war es kein Problem, er lag wie immer hart an der Bordwand, also waagerecht. Schlug mal eine Welle fest ans Boot, wurde kurz geknurrt, dass die Tampen sich vor Schreck strammzogen. Den ganzen Tag ging das so, Essen

---

[50] Das Boot neigt sich in eine Richtung, dabei verliert es etwas an Fahrt

und Trinken blieb dabei auf der Strecke, dafür hatten wir abends einen ganz gehörigen Törn geschafft. Am Abend legte sich der Wind und ein angenehmes Segeln war angesagt. Nun konnte ich in Ruhe etwas zu essen machen, A.-J. hatte Hunger bis unter seine Schlappohren, dies zeigte er mir, indem er sein Schnäuzchen in den leeren Napf legte.

Zum Essen gab es zur Feier des Tages ein Gläschen Rotwein, ein Dornfelder 2009er halbtrocken, leicht gekühlt. Anschließend gab es auf der Achterbank[51] noch ein oder zwei Pfeifchen, aber nur wegen der Kampfstecher[52]. Nach der üblichen Nachtkontrolle ging es ab in die Koje. A.-J., der den ganzen Tag mehr oder weniger geschlafen hatte, war alles andere als müde. Also machte er sich auf den Weg alle Monster, Piraten, Klabautermann und Kraken zu jagen. Gegen Mitternacht wurde es still auf dem Boot, entweder hatte ihn ein Klabautermann an den Mast genagelt oder er war eingeschlafen. Ich schlief nach dem sehr anstrengenden Tag wie ein Toter, nur ohne kalte Füße. Es war 7:30 Uhr, als ich durch ein Geräusch geweckt wurde, es hatte sich ein Tampen am vorderen Mast gelöst, sodass ein Segel stark flatterte. Der Monsterjäger schlief noch, er hatte ja auch die Nachtschicht übernommen. Nachdem ich alles wieder in Ordnung gebracht hatte und die Segel wieder in die richtige Position gebracht waren, fing der neue Tag gleich so an, wie der vorherige aufgehört hatte. Mein Autopilot steuerte etwas von der Richtung Cancún 15° westlich ab, dadurch erhöhte sich die Geschwindigkeit um 2 Knoten. Gegen Nachmittag 15:00 Uhr kam uns eine Luxusjacht entgegen. Es war eine

---

[51] Eine Bank hinten auf dem Boot
[52] Mücken

Sunseeker 34 mit dem Namen Tuppence, sie hat eine Länge von 34 Metern und verbraucht 700 l/Stunde. Am Heck wehte die mexikanische Flagge. Wahrscheinlich brachte wieder ein Drogenbaron sein Geld nach George Town zur Deutschen Bank. Die Begegnung war nur kurz, die Jacht kann eine Geschwindigkeit von ca. 32 Knoten fahren. Uns begegneten viele Vögel, also konnte es nicht mehr so weit bis Cancún sein.

Nach vier Stunden hartem Segeln sahen wir in der Ferne die ersten Silhouetten der Schnellboote, die für den Küstenschutz eingeteilt waren. Zwei Stunden später waren wir vier Meilen vor der Küste Cancúns, jedoch war es schon dunkel, sodass ich beschloss, die Nacht vor der Küste auf Reede[53] zu gehen. Sofort setzte sich ein Boot der Küstenwache in Bewegung und umrundete uns kurz, da wir außerhalb der Dreimeilenzone waren, wurde auf einen Besuch an Bord verzichtet. Eine kurze Begrüßung über Funk: „Bienvenidos a Mexico![54] Señor Capitán, sus datos por favor!"[55] „Muchas gracias!"[56] Nachdem ich alle meine Daten übermittelt hatte, wurde ich darauf hingewiesen unverzüglich den Zoll anzufahren, falls ich in Mexiko anlegen wollte. Sie wünschten mir „Adiós!"[57] und waren auch schon wieder verschwunden. In der Nacht wollte ich auf gar keinen Fall in Cancún anlegen. In einem so großen Hafen war es schon schwierig genug anzulegen, da musste es nicht auch noch dunkel sein.

---

[53] Außerhalb der Dreimeilenzonen ankern
[54] Willkommen in Mexiko
[55] Ihre Daten bitte, Käpt'n
[56] Vielen Dank
[57] Auf Wiedersehen

Am nächsten Morgen gegen 06:00 Uhr, die Sonne war schon vor uns wach, zog ich das Groß und die Fock kurz auf und schipperte in Richtung Hafen. Aber weit kamen wir nicht, ca. 500 Meter vor dem Hafen kam mit hoher Geschwindigkeit ein Zollboot auf uns zu, legte Backbordseite an und der Zollbeamte fragte mich: „Käpt'n, darf ich an Bord?" Ich erteilte ihm die Genehmigung und zwei Beamte kamen an Bord. Er stellte sich als Kapitän Francisco Vela und seinen Kollege Bootsmann Fernando Frassoni vor und fragte, ob wir etwas zu verzollen hätten, Tabak, Lebensmittel und Spirituosen außer für den Eigenbedarf? Ich verneinte, fragte ihn aber: „Haben Sie etwas mit dem Fußballspieler Hugo Carlos Vela zu tun?" „Ja", sagte er, „es ist mein Cousin". Derweil suchte der andere Beamte in meinen Schabs, ob er was finden würde. Sie ließen sich alle Papiere zeigen, A.-J. wurde begutachtet und wir hielten noch ein Schwätzchen, was uns nach Mexiko führt. Durch Zufall schaute ich zu dem Zollboot hinüber und am Steuerrad stand eine etwas seltsame Gestalt, so wie die aussah, musste sie schon seit zwei Tagen tot sein. Mit der Hand zeigte ich auf diesen Mann und fragte den Beamten „Was ist mit Ihrem Kollegen?" Er schaute zu seinem Boot hinüber. „Ach nichts, es ist Steuermann Ruiz Leerdo de Tejada. Er hat die Begabung, dass er mit weit geöffneten Augen und im Stehen fest schlafen kann." „Aber ist das nicht gefährlich als Steuermann?" „Nein, nein, passen Sie mal auf", er lachte und pfiff, sofort kam Leben in diesen Mann, er zog rechts an einem Bändsel und das Schiffshorn brüllte auf, er drehte hier und da an ein paar Knöpfen und wäre um ein Haar losgefahren, hätte ihn nicht Kapitän Francisco Vela mit einem kurzen Befehl gestoppt.

Wir unterhielten uns noch ein wenig über Fußball. Ich machte ihm den Vorschlag mit seinem Cousin Carlos Vela zu überlegen, ob er keine Lust hätte mit seiner Mannschaft gegen unsere Fußballmannschaft alte Herren aus meinem Heimatort Faid zu spielen? Er runzelte die Stirn. „Ja, ich bin mir nicht sicher, ob das klappen wird, zurzeit sind die leider nicht fit." „Ach das ist nicht schlimm, auch meine Mannschaft ist im Moment nicht top." „Sie leiden an einem Presswurst-Syndrom." Er sah mich an und sagte: „Okay, ich werde mit ihm reden." Wir vereinbarten für den Abend ein Treffen in dem Café im alten Hafen, er gab mir noch einige Tipps für einen guten Liegeplatz und den Namen des Hafenmeister „Miguel Carús", setzte Stempel und Unterschrift in meine Papiere und ging auf sein Boot zurück. Der Steuermann wurde wieder wach und fuhr los.

Der Besuch hatte uns doch anderthalb Stunden Zeit gekostet, als wir in den alten Hafen von Cancún einliefen, war es bereits elf Uhr mittags. Ich wusste, dass man in den Mittagspausen schlechte Karten hatte, also machte ich mein Boot schnell in der Nähe einer Tankstelle fest und ging zum Hafenbüro zu besagtem Hafenmeister Miguel Carús, bestellte einen schönen Gruß von Kapitän Francisco Vela und wünschte einen Liegeplatz zu bekommen. Er nickte und zeigte mir auf der Karte im Büro, wo mein Liegeplatz war. Ich fragte ihn nach dem Preis, er winkte ab und sagte: „Legen sie erst mal an, dann schauen wir weiter." Scheinbar wurden keine Geschäfte vor dem Mittagsschlaf getätigt. Ich schaute auf eine Wand gegenüber dem Fenster und sah ein Bild mit Autogramm, auf dem ein Fußballspieler abgebildet war. Sofort war mir klar, das musste Carlos Vela, einer der Nationalspieler Mexikos, sein. Miguel nickte, seine Augen fielen fast zu, ich hatte Angst, er fällt um und ist eingeschlafen, verabschiedete mich und war auch schon verschwunden. Ich schaute mich um, ob nicht, wie in alten Filmen und Bilder zu sehen war, an der Hauswand schlafende Mexikaner unter ihren großen Hüten lehnten. Nichts dergleichen, es herrschte ein ganz normales Leben. Wieder am Boot angekommen, bunkerte ich schnell 200 Liter Diesel, füllte unseren Wassertank auf und fuhr den Liegeplatz an, der uns zugewiesen war.

8. Kapitel

Am Donnerstag, den 09. Februar 2012 hatten wir Mexiko erreicht, das war wahrhaftig keine Glanzleistung, wir hatten ganz schön getrödelt. Aber was sollte es, wir waren ja nicht auf der Flucht, sondern hatten Zeit bis zum Abwinken. Unser einziges Problem war, dass wir mit dem Terminplan von Petra und Klaus nicht mithalten konnten. Cancún 21°10′10′′N, 86°51′55′′W war nicht gerade eine schöne Stadt, dass sie aus dem Boden gestampft worden war, konnte man sehen. Es gab viele Hochhäuser und alles war auf Tourismus getrimmt. Unser Hafen war sehr klein, aber aus der Zeit, als hier noch keine Touristen herumliefen. Am Ende des Hafens sah ich ein kleines Café, das musste unser Treffpunkt mit Kapitän Francisco Vela sein. Wir gingen in die Stadt, um einzukaufen, ich trank ein Tässchen Kaffee und bestellte mir zur Feier des Tages ein Stück Kuchen. Anschließend ging ich in den neuen Überseehafen und schaute mir die Frachter an, die aus aller Welt kamen. Ein Frachter fiel mir besonders auf, dass er neu war, sah man ihm an, es war die Grande Costa d'Avorio der Grimaldi Line. Sie lief unter italienischer Flagge, ich stellte fest, dass die Italiener sich doch ganz schön weit in die Welt raus wagten.

Langsam gingen wir wieder zu unserem Boot zurück, es wurde schnell das Essen zubereitet, danach erledigte ich meine Korrespondenz, rief als Erstes meine Frau Mechthild an und berichtete, dass ich Mexiko erreicht hatte. Sie gab einen kurzen Kommentar ab: „Das hat aber lange gedauert, seid ihr etwa rückwärts gesegelt?" Ich versuchte ihr zu erklären, wie schwierig es war, immer bergauf mit einem Segelschiff zu fahren. Denn schaute man auf einen Globus, so stellte man fest, dass Mexiko höher lag als Deutschland. Wir sprachen darüber, dass die Kinder zu Besuch kamen. Sie fragte nach, ob es Jason auch gut ginge? Wir verabschiedeten uns und wünschten noch gegenseitig alles Gute. Nun war Olaf an der Reihe, es dauerte eine Weile, bis er sich meldete. Auch er meinte, wir wären doch reichlich lange unterwegs gewesen. Ihm konnte ich das mit bergauf segeln nicht erzählen. Ich erklärte ihm, dass ich sehr viel Zeit verloren hatte bei neuem Rum-Einkauf, außerdem hatten uns in der Karibik einige Seeungeheuer aufgehalten. Das konnte er nachvollziehen, hatte er doch selbst die Karibik befahren. Mit Petra und Klaus skypte ich auch gleich, so hatte ich alle zufriedengestellt. Wir vereinbarten, dass unser Treffen in Campeche ca. 400 Seemeilen 19° 51'20''N, 90°32'10''W stattfinden würde.

Es wurde rasch dunkel in Cancún, ich machte unser Boot für die Nacht klar, verriegelte alles und ließ in der Kajüte ein Licht brennen, was Anwesenheit vortäuschen sollte. Jason und ich gingen nun in dieses Café, wo ich mich mit Kapitän Francisco Vela verabredet hatte. Es war ein altes, aber sehr gemütliches Café mit kleinen Tischen und gepolsterten Stühlen, für ein Hafencafé untypisch. Rechts in einem kleinen Erker saß Kapitän Francisco und neben ihm sein Cousin Hugo Carlos Vela. Bei näherer Betrachtung musste ich feststellen, sollte so die ganze Mannschaft aussehen, so würden 22 Presswürste gegeneinander spielen. Mir fiel der Satz von Francisco auf unserem Schiff wieder ein: „Zurzeit sind die leider nicht fit", da konnte ich ihm nur recht geben. Nun gingen wir zu ihnen an den Tisch und begrüßten die beiden, als wären wir seit Jahren miteinander bekannt. A.-J. wurde besonders herzlich begrüßt. Wir setzten uns alle an den Tisch und Francisco bestellte eine Runde Corona (spanisch für Krone), ein mexikanisches Bier, das auch bei uns sehr bekannt ist (In Deutschland wird Corona von der Radeberger Gruppe vertrieben. Der jährliche Absatz liegt bei rund 45.000 Hektolitern). Jason bekam einen Napf mit Wasser, den er sofort ignorierte, schließlich war kein Tropfen Rum darin. Nun wurde erzählt, was das Zeug hielt, jeder hatte eine Geschichte auf Lager, der eine vom Zoll, der andere vom Fußball und ich von meinem Heimatort Faid im fernen Alemania. Nachdem wir alles über ein Treffen unserer Mannschaften besprochen hatten, kamen wir überein, dass unsere Manager Kontakt aufnehmen würden zwecks Terminabsprache. Zur späten Stunde kam noch Luis Fernando Tena Garduno (Trainer der Fußballmannschaft Cancún) zu uns an den Tisch. Und von nun an ging es bergab.

Es kamen Getränke auf den Tisch, die ich nicht genau identifizieren konnte. Sie ähnelten aber in etwa unserem Grog. Jedoch wurde kein Rum verwendet, sondern Tequila und heißt hier Maquilacolada. Tequila wird aus der blauen Agave gewonnen und kommt aus der Umgebung der Stadt Tequila im mexikanischen Bundesstaat Jalisco. Aber auch dieser Abend ging zu Ende ohne starke Nebenwirkungen. Wir verabschiedeten uns mit dem Versprechen, sollte ich die Rückreise wieder an Cancún vorbei planen, dass ich mich auf jeden Fall bei Ihnen melden würde. Jason bekam ein vorzügliches Leckerli vom Wirt, was ihm besonders gut schmeckte. Wieder an Bord stürzte er sich sofort in seinen Wassernapf und zog ihn fast leer, das Leckerli war wohl mit Chili gewürzt. Die Nacht war kurz, weil wir am nächsten Morgen sehr früh aufbrachen. Cancún war nicht die Stadt, die mir gefiel.

Wieder auf See schaltete ich meine gesamte Technik aus. Ich wollte noch einmal segeln wie in alten Zeiten, nur mein alter Kompass von früher war im Einsatz. Es blies eine leichte Brise, nicht gerade in meiner Richtung, aber was sollte es, wurden eben ein paar Wenden mehr gefahren. Die Fock wurde von der Genua II ersetzt, das Groß wurde Backbord leicht gefiert, so bekam ich eine schöne Geschwindigkeit. Über uns ein hellblauer Himmel, ab und zu ein paar weiße Quellwolken, das Meer war dunkelblau und spiegelglatt, in der Ferne sah ich eine waagerechte Kimm[58]. Es war ein Segeln wie im Traum.

Da wir nicht allzu weit von der Küste entfernt waren, flog immer ein Möwenschwarm um uns herum. Ein Tölpel, der uns überflog, setzte sich Steuerbord auf die Reling und wartete ab, was wohl A.-J. unternehmen würde. Doch Jason, der mittlerweile schon so viele Vögel an Bord erlebt hatte, reagierte überhaupt nicht mehr. Es war Samstag, der 11 Februar 2012 um 12:00 Uhr mittags, wir müssten in zwei Tagen die Hafenstadt Campeche erreichen.

Gegen frühen Abend frischte der Wind kräftig auf, ich wechselte die Genua und zog die Fock wieder auf. Außer einigen Delfinen, die uns umkreisten, war nicht viel los. Die See wurde mittlerweile sehr unruhig. Nach einiger Zeit schaltete ich meine Automatik doch wieder ein, stellte neue Koordinaten fest, sofort wurden die Segel neu gerefft. Fock und Groß wechselten ihre Positionen, der

---

[58] Grenze zwischen Meer und Himmel

Autopilot verstellte um 2° bis 3°W seine Richtung und ab ging es in Richtung Campeche. In ca. 15 bis 18 Stunden müssten wir da sein. In meinem Logbuch trug ich alle Daten vom Vortag und dem neuen Tag ein.

Nun hatte ich wieder Zeit mich um das Essen zu kümmern. Das war auch längst überfällig nach Meinung des Admirals. Anschließend wurde schnell klar Schiff gemacht und für die Nacht alles vorbereitet. Mittlerweile war es auch schon 22:50 Uhr und stockfinstere Nacht, kein Mond war zu sehen, dafür aber Millionen von Sternen. An der Kimm sah ich eine leichte Helligkeit aufsteigen, was die Sache nicht angenehmer machte. Wie immer in so einer Situation saßen wir zwei auf der Achterbank, einen <u>kleinen</u> Grog schlürfend und ich ein Pfeifchen rauchend. Da es ein wenig frisch geworden war, zog ich mir meinen Troyer[59] über. Nun saßen wir zwei armen Wichte, vom Rest der Welt vergessen und verlassen. Mitten in der Nacht bei 20°19'51''N, 88°33'42''W auf der Karibik, um uns herum nur Monster in Form von Haien, Kraken, Rochen usw., weit und breit gab es keine Menschenseele. Wir näherten uns langsam Mitternacht, was bedeutete: „Achtung, es ist Zeit für den sprichwörtlichen seemännischen Aberglaube!" Richtig, die Angst kam von hinten über den Rücken über den Nacken unter die Haare, bis diese senkrecht hochstanden. Es fiel mir bei Admiral Jason auf, er sah aus wie ein explodierter Mobb. Wie ich aussah, konnte ich ja nicht sehen. In unserer Panik schenkte ich uns noch einen <u>kleinen</u> Grog Captain Morgan spiced gold Rum ein. Für Jason war das aber nur unter dem Aspekt zu sehen, dass es sich um eine veterinärmedizinische vorbeugende me-

---

[59] gestrickte Wolljacke

taphysische Aktion handelte, auf diese Weise wollte ich nur, dass sich seine Haare wieder anlegten, was auch gelang. Ein weiterer Grund Grog in die Veterinärbehandlung für Schiffshunde einzuführen.

Das Schiff lief sauber, der Bug schnitt das Wasser auseinander, sodass eine leichte weiße Bugwelle entstand. Auch die Segel lagen gut am Wind, der Windabriss an den Segelkanten machte ein befriedigtes Geräusch. Jeder Segler wäre begeistert gewesen. Ich war absolut zufrieden, da wir nun den ganzen langen Tag mit Hand gesegelt waren, waren wir auch rechtschaffend müde. Aber bei einer so guten Segelaktion kann ich nicht in die Koje klettern, da musste ich einfach zuschauen. Nun war es kurz vor Mitternacht. Neben mir auf der Bank, wo Jason lag, gab es ein Geräusch, als wäre eine Tasse auf den Boden gefallen. Es waren jedoch nur Jasons Augenlider, die zufielen, er war eingeschlafen.

Jetzt war ich ganz alleine, auch mir wurden die Augen immer schwerer, aber watt mutt, dat mutt. Ich nahm mein Fernglas und suchte die Kimm gegen das aufkommende Sonnenlicht ab. Aber weit und breit war nichts zu sehen, bis ich in der Ferne die Silhouette eines Schiffes wahrnahm. Ich machte mir Gedanken, was alles so Mysteriöses auf Schiffen passieren konnte: So zum Beispiel die „Mary Celeste", die unter dem Amerikaner Kapitän Benjamin S Briggs (37) fuhr. Am 07. November 1872 stach das Schiff in See. Es waren 1701 Fässer Ethanol und acht Mann Besatzung an Bord sowie seine Ehefrau (30) und die kleine Tochter (2). Die Fracht sollte von New York nach Genua gebracht werden. Der letzte Eintrag im Logbuch datierte auf den 25. November und gab eine Position unweit der Insel St. Mary in den Azoren an. Einige Hundert Seemeilen weiter wurde das Schiff ohne Besatzung aufgefunden. Der Kapitän eines anderen Schiffes, der die Mary Celeste entdeckt hatte, schickte einen Offizier seiner Mannschaft zu dem treibenden Schiff hinüber. Dieser stellte fest, dass das Schiff vollkommen in Ordnung war. Wasser und Nahrung waren für sechs Monate noch an Bord. Die Fracht von den Ethanol Fässern war intakt. Doch in Genua stellte man bei der Entladung fest, dass neun Fässer leer waren. Es wurde vermutet, dass sich hoch explodierende Gase im Laderaum entwickelt hätten. Da schweres Wetter zu dieser Zeit herrschte, die Ladeluken also nicht geöffnet werden konnten, gab der Kapitän S. Briggs der Mannschaft den Befehl in das Rettungsboot zu steigen. Das Rettungsboot wurde mit einem Seil an der „Mary Celeste" befestigt. Durch das schwere Wetter aber riss das Seil und die Schiffe drifteten auseinander, sodass die Menschen nicht mehr an Bord konnten. Der Kapitän, der die „Mary Celeste" gefunden hatte, teilte seine Mannschaft und ließ die Mary nach Genua überführen. Im Frühjahr 1873 wurde an der portugiesischen Küste ein Rettungsboot mit fünf Leichen, eine davon die eines Kleinkindes, angetrieben, eine amerikanische Flagge lag auch dabei. Auf der „Mary Celeste" war keine Flagge gefunden worden.

Noch eine so mysteriöse Geschichte war die vom Fliegenden Holländer. Es gab wohl kaum einen Seefahrer, der nicht an den Fliegenden Holländer glaubte, viele hatten ihn schon gesehen und einige sahen ihn auch heute noch. Auch war man fest davon überzeugt, dass demjenigen, der den Fliegenden Holländer sah, ein Unglück widerfuhr. So passierte es auch dem britischen Prinzen Georg (dem späteren König Georg V.) und Albert am 11. Juli 1881, die an Bord der Bacchante ihre Marineausbildung absolvierten. In seinem Tagebuch schrieb Prinz George: *„Um 4 Uhr früh erschien vor unserem Bug der Fliegende Holländer. Ein seltsames rotes Licht wie von einem glühenden Geisterschiff, vor dem sich Masten, Spieren und Segel der etwa 200 Yards entfernten Brigg klar abzeichneten, als sie sich von Backbord näherte. Der wachhabende Offizier auf der Brücke sah sie ganz deutlich, ebenso der Achterdecks-Fähnrich, der sogleich auf das Vordeck geschickt wurde. Doch als er dort ankam, war von einem körperhaften Schiff nichts zu sehen. Insgesamt 13 Personen sahen das Schiff. Um 10:45 Uhr stürzte der Matrose, der in der Frühe den Fliegenden Holländer gesichtet hatte, von der Saling der Vormarsstenge und wurde völlig zerschmettert."*

Die letzte bekannte Sichtung erfolgte durch die „Straat Magelhaen", einen niederländischen Frachter, in der Nacht des 7. auf den 8. Oktober 1959. Der Kapitän P. Algra und sein zweiter Offizier wollten dem unter vollen Segeln fahrenden Fliegenden Holländer begegnet sein, wobei ein Mann am Steuerrad des Geisterschiffes klar zu sehen war. Kurz bevor es zu einer Kollision kam, verschwand das Schiff.

Möglicherweise gab es sogar ein konkretes historisches Vorbild. Bernard Fokke lebte zu Beginn des 17. Jahrhunderts und war ein niederländischer Ostindienfahrer. Fokke war bekannt für die unglaublichen Geschwindigkeiten, mit denen er von den Niederlanden nach Jakarta fuhr. 1678 sollte er für die Strecke nur 90 Tage benötigt haben, etwa die Hälfte der üblichen Reisedauer. Bekannt war, dass der Holländer fast immer mit vollen Segeln unterwegs war, egal wie stark der Wind blies. Fokkes Geheimnis: Erlauben konnte er sich das durch eine entscheidende Veränderung im Mast. Er nutzte eiserne Querstangen am Mast, die zwar schwerer waren, aber kaum brachen. Dadurch konnte Fokke auch bei starkem Wind seine Segel noch stehen lassen. Als Fokke von einer Fahrt nicht zurückkehrte, hieß es, der Teufel habe ihn geholt und er müsse nun auf ewig über die Meere kreuzen.

Nun zu mir: das Wetter schlug um, es kam sehr hartes Wetter auf. Mein Boot wurde immer unruhiger, dichter Nebel stieg auf, A.-J. begab sich in die Kajüte, legte sich in seine Koje und schlief weiter, die Uhr zeigte genau Mitternacht. Vor mir tauchte ein alter Dreimaster auf, die Segel stark abgenutzt. Was besonders auffiel, er fuhr gegen den Wind. Auf einer der Rahen stand eine bleiche Gestalt in zerrissenen Kleidern, die wohl mal eine Kapitänsuniform dargestellt hatte. Sein Blick aus toten Augen, in meine Richtung schauend, traf mich erbarmungslos. Sofort war mir klar, wen ich da vor mir hatte, hieß es nicht in den Erzählungen: „Wer ihn sieht, den trifft ein Unglück!" Das Schiff kam immer näher an unser Boot, schon konnte ich die Besatzung erkennen. Es handelte sich eigentlich um jammernde, in Lumpen gehüllte bleiche Gestalten, die an Bord umherschlichen, mehr tot als lebendig. Am hinteren Masttopp[60] wehte eine zerrissene holländische Flagge. Nun sah ich, wie ein Beiboot zu Wasser gelassen wurde, fünf Gestalten stiegen hinein, legten sich in die Riemen[61] und kamen zu uns herüber. Bei uns angekommen stand einer auf und überreichte mir einen Stapel Briefe. Das Boot kehrte wieder um und die Unto-

---

[60] Oberster Punkt am Mast
[61] Ruder

ten gingen an Bord. Ein unheimliches nicht zu identifizierendes leichtes Summen erschütterte die Nacht. Sofort nahm ich die Briefe und nagelte sie an den Mast. Es hieß, wurden sie nicht an den Mast genagelt, ginge das Schiff unter oder Feuer bricht aus. Nun sah ich, wie das Schiff auf dem Teller drehte[62] und auf mein Boot zusteuerte. Verzweifelt fragte ich mich, warum bringen sie mir erst die Briefe, um mich dann zu versenken? Doch bevor das Geisterschiff uns havarierte, hatte es sich in Luft aufgelöst. Ich riss die Augen auf und war sofort hellwach. War ich doch tatsächlich eingeschlafen, im Traum hatte ich wohl den „Fliegende Holländer" gesehen, ein furchtbarer Albtraum. Nun schaute ich zuerst voller Misstrauen, kontrollierte meine zwei Masten und stellte mit Erleichterung fest, es waren keine Briefe an ihnen zu sehen. Dass das Boot so vibrierte, lag aber nicht an der unruhigen See, die war nämlich inzwischen spiegelglatt, nein, meine Knie schlackerten wie wild hin und her.

In dieser Nacht machte ich kein Auge mehr zu. Gegen Morgen sah ich in unmittelbarer Nähe eine Delfinformation an uns vorüber springen, die sahen nicht aus, als hätten sie den „Flying Dutchman" gesehen. Der Admiral kam den Niedergang herauf, er sah aus, als hätte er gut geschlafen, reckte sich und schaute mal eben in seinem Napf nach, ob nicht schon das Frühstück für ihn darin wartete.

Nachdem die Sonne wieder kräftig heizte, beschloss ich, müde und zerschlagen von der katastrophalen Nacht, mir ab sofort keine alten Geschichten mehr durch den Kopf

---

[62] In der Seemannssprache bedeutet es, das Schiff dreht auf dem Punkt

gehen zu lassen. Wer wollte das auch eigentlich noch wissen, was die vor dreihundert Jahren alles für einen Blödsinn fabriziert hatten? Ob mir das aber gelingen würde? Wo es doch so spannend war. Ein großer Kormoran landete auf unserem Bugkorb[63]. A.-J. ließ Gnade vor Recht gelten und er durfte sitzen bleiben. Nach vier Stunden hartem Segeln prüfte ich unsere Daten und kam zu dem Schluss, dass wir nicht mehr weit von unserem Ziel sein konnten. Nach exakt neun Stunden waren wir vor dem Hafen von Campeche. Leider war es bereits stockdunkel, sodass ich beschloss, wieder vor Reede zu gehen. Ich ließ den Anker ausrauschen, machte die Positionslampen an und setzte den Ankerball. Hier waren einige Segel- und Motorjachten vor Anker. Am nächsten Morgen oder den darauf folgenden Tag würde ich endlich Petra und Klaus treffen.

Die Nacht verging ohne Zwischenfälle, kein Flying Dutchman, keine Kracke, kein Klabautermann. Von einer Jacht kam leichte Musik zu uns herüber, aber sonst war es sehr ruhig. Wir zwei saßen gemütlich auf der Achternbank und genossen den Abend bei einer Tasse (bzw. Eierbecher) Grog, es war ein nordischer Grog und ein Pfeifchen „Exklusiv Royal". Da eine leichte Brise wehte, waren auch keine Kampfstecher[64] im Einsatz. Kurz vor Mitternacht nahm Jason ein Geräusch an der Backbordseite war, sofort kam mir der Gedanke „nicht schon wieder". Beide schauten wir über die Reling und ein Beluga[65] grinste uns an. Er machte einige Laute und war auch schon wieder verschwunden. Wir gingen in unsere Kojen und kurz da-

---

[63] Schutzreling an der Spitze des Bootes
[64] Mücken, Schnaken
[65] Weißwal

rauf waren wir beide eingeschlafen, wahrscheinlich mit leichten undefinierbaren Sägegeräuschen. Als die Sonne aufging, setzte ich unsere Flagge und die der Stadt Campeche. Ich verzichtete auf alles Tuch[66] und fuhr mit Motorkraft in den Hafen von Campeche. Dann erledigte ich alles wie gehabt, Zoll und Hafenmeister, ließ mir einen Liegeplatz zuweisen und fuhr wieder aus dem Hafen heraus.

Ich hatte mir vorgenommen direkt vor der alten Festung zu ankern. Dies stellte sich aber als recht schwierig heraus, es war eine faule Küste[67]. Mein Echolot spielte verrückt, ich musste auf Sicht fahren, was nicht ungefährlich war. Aber irgendwann hatte ich es doch ohne Grundberührung geschafft. Dieses Mal ließ ich den Anker von Hand vorsichtig hinuntergleiten in der Hoffnung, dass ich ihn auch wieder herausbekomme aus den Felsen. Das waren sie also, die Befestigungsanlagen „Fuerte de San Miguel", erbaut 1668-1686. Nun stand ich mit meinem Boot genau davor wie einst Francois Lolonois oder Henry Morgan. Nur dass ich in friedlicher Mission da war und viel näher dran war. Außer mir waren keine anderen Schiffe weit und breit zu sehen.

Nun hatte ich Zeit genug mir die Anlage genauer anzuschauen, die alten gusseisernen Kanonen auf ihren Raperten[68] waren zu sehen. Ich machte unser Beiboot klar, Jason und ich fuhren ans Ufer und kletterten die steile Brüstung hoch. Für den Admiral war das ein Klacks, für mich stellte sich das Unterfangen als sehr schwierig dar.

---

[66] Segel (Groß und Fock)
[67] eine Küste mit vorgelagerten Untiefen, Riffen usw.
[68] in der Segelschiffszeit Bezeichnung für die Lafette der Kanone

Beim Ankern hatte ich eine Stelle gesehen, die eine Öffnung in der Mauer freigab, sonst wäre es für uns unmöglich gewesen in diese Festung zu gelangen. Diese Öffnung hatte es früher wahrscheinlich nicht gegeben, das hätte ja auch keinen Sinn gemacht. Wir gingen an den Wachtürmen und Mauern vorbei, ich schaute durch die Schießscharten der Türme und hatte einen wunderbaren Blick auf das Meer, so konnte man die Piraten vorher meilenweit sehen, sich darauf vorbereiten und sich zur Wehr setzen, was aber in den meisten Fällen nicht gelang. Meistens waren die Freibeuter in der Überzahl und bei der Brutalität, die diese besaßen, hatten die Bewohner keine Chance. Zurück blieb eine geplünderte Stadt mit unzähligen massakrierten Menschen.

9. Kapitel

An dieser Anlage hatte ich mich mit Petra und Klaus verabredet, wer zuerst eintraf, sollte auf die Anderen warten. Da aber niemand zu sehen war, hatte ich wohl gewonnen. In weiser Voraussicht nahm ich von Bord ein wenig zu essen mit, so konnten wir zwei ein kleines Picknick machen. Wir aßen einige Kekse auf der Wehrmauer, wo vor ein paar Hundert Jahren Menschen umgebracht wurden, wieder recht gruselig.

Doch am frühen Nachmittag kamen die Zwei die Stufen hochgeeilt. Ach, war das ein Wiedersehen nach so langer Zeit, braun gebrannt und wohl genährt standen sie vor mir. Nun kamen Fragen über Fragen, jeder hatte zu berichten, was erlebt worden war. Wir blieben noch einige Zeit in der Befestigungsanlage, machten gemeinsame Fotos und mussten dann feststellten, dass der Wind stark auflebte. Er kam auch noch von See her, was für mich nicht gerade günstig war. Wir verabredeten uns in meinem Hafen, wo auch gleich ein Campingplatz war.

Jason ging vor und ich kletterte die steile Wehrmauer hinab zu unserem Beiboot und wir fuhren wieder zu unserem Schiff. Ich startete den Motor und lockerte die Ankerkette ein wenig, mit der Ankerwinsch hob ich den Anker an Bord, griff in die Spake[69] und drehte das Schiff nach Steuerbord von der Küste weg. Vom Wind wurde ich in Richtung Steinufer gedrückt, ich gab kräftig Gas, sodass achtern eine starke Welle aufstieg und uns mit einem Ruck von der Küste weg drückte. Ich setzte keine Segel, es

---

[69] Speiche des Steuerrades

hätte sich kaum gelohnt, da die Entfernung nicht sehr groß war. Am Liegeplatz angekommen warteten schon Petra und Klaus auf uns. Noch schnell das Schiff vertäuen[70], alles sichern, auf Deck alle losen Gegenstände unter Deck bringen, kurz umziehen, der Admiral bekam sein rotes Halstuch um und fertig waren wir zum Landgang. Nach einer ausführlichen Schiffsbesichtigung ging es ab zum Abendessen. Ich hatte ein kleines Restaurant ganz in der Nähe von unserem Hafen und Campingplatz ausgemacht, wir gingen am Plaza del Mar vorbei in die Ave. Miguel Aleman No. 179A, wo keine 100 Meter entfernt das unscheinbare kleine Restaurant „La Pigua" war. Punkt 20:00 Uhr betraten vier hungrige Gestalten das Restaurant. Erstaunt schauten wir in einen wunderschönen dekorierten Raum mit festlich gedeckten Tischen, das hatten wir hier nicht erwartet. Campeche besaß doch mehr Tourismus, als wir es bis jetzt in anderen Städten vorgefunden hatten. Wir nahmen Platz, den man uns zugewiesen hatte, die Speisekarten standen schon auf dem Tisch. Als Erstes bestellten wir uns jeder ein kühles Corona, Admiral Jason bekam sofort einen Napf mit frischem Wasser (leider ohne Rum). In Mexiko werden zu fast jeder Mahlzeit Tortillas[71] gereicht. Nach kurzer Überzeugungsarbeit von Petra und Klaus, die ja schon einige Erfahrung bezüglich „Essen in Mexiko" hatten, versuchte ich mein Glück. Trotz erheblicher Zweifel kam mir die Erinnerung aus Puerto Rico von meinem Freund José Sierra, den besten Mojo Islander Griller an der karibischen Küste, in den Sinn. Sollte mir wieder so etwas passieren? Aber mutig ging ich

---

[70] Vertäuen; an Land fest machen
[71] dünne Fladen aus Maismehl

die Sache an, bestellte mir „Los Taquitos"[72] und harrte der Dinge, die da kamen. Petra bestellte „Burrito relleno", Klaus „Chimichanga", für A.-J. bestellte ich eine Portion „Enchiladas de Res", aber ohne Chili, mit Avocado und eine Spur von Artischocken für ein glänzendes Fell und gegen Cholesterin. Es dauerte einige Zeit, bis das Essen kam, also kamen vorher noch ein Paar Coronaflaschen auf den Tisch. Der Koch machte einige „vorher/nachher" Fotos von uns, rückte sie aber nach dem Essen nicht heraus, warum auch immer. Nach den ersten drei Bissen merkte ich sofort, dass etwas in der Küche passiert sein musste, aus Versehen war wohl eine Tagesproduktion Chili in die Pfanne gestürzt und natürlich ausgerechnet in meine.

Dem Admiral mundete es aber prächtig, denn er hatte seinen Napf schon leer, obwohl wir noch gar nicht mit dem Essen begonnen hatten. Sein Fell bekam einen seidenen Glanz, die schwarzen Haare wurden dunkelschwarz und die braunen Schattierungen wurden etwas stärker, er sah sofort dreieinhalb Jahre jünger aus. Bei mir war das anders, ich verlor nach diesem Essen 1/3 meiner Haarpracht. Bei den andern zwei konnte ich keine Veränderung feststellen, sie waren ja im Training, was das Essen in Mexiko betraf. Trotzdem hatte uns das Essen hervorragend gemundet. Das Dessert brachte die Versöhnung, es gab Tamarinde Reis, Pudding und Limette mit einem Schuss Tequila.

Nachdem die letzten Flammen, ausgelöst durch das Chili, unsere Speiseröhren verlassen hatten, änderte sich unse-

---

[72] Gefüllte Tortillapäckchen mit Chili con Carne und Rind-, Hähnchenfleisch, dazu Salsa Guacamole.

re Gesichtsfarbe von purpurrot wieder in ein germanisches weiß. Nun wurde erzählt, was das Zeug hielt, die zwei von ihrer Tour, wie schön Mexiko war und dass es leider nun weiter Richtung Panama ginge. Ich bestellte uns einen mexikanischen Grog, der hier Maquilacolada [73] heißt. Auch ich erzählte von meiner Reise ohne Seemannsgarn, vielleicht war ein bisschen Garn dabei, aber nicht viel, Ehrenwort! Nach einigen Runden setzte sich der Wirt nebst Ehefrau zu uns an den Tisch. Von nun an ging es bergab, eine so große Wiedersehensfeier hatten wir eigentlich gar nicht geplant. Doch so waren nun einmal die Menschen in Mexiko, wo es etwas zu feiern gab, wurde gefeiert. Der Wirt Francisco Javier Urretosa, ein richtiger Musikus, holte seine Gitarre von der Wand, seine Frau Alicia sang uns einige ihrer selbst komponierten Lieder vor, die von Francisco auf der Gitarre begleitet wurden.

Längst war das Lokal geschlossen, doch wir feierten noch bis in die frühen Morgenstunden mit den Wirtsleuten weiter. Langsam wurde es schon hell, als wir zu unserem Liege- und Campingplatz gingen. Zum frühen Nachmittag verabredeten wir uns, um uns die Stadt ein wenig anzuschauen. Campeche war eine alte Stadt, gegründet im Oktober 1540 und wurde 1999 zum Weltkulturerbe erklärt. Daher bot sie viele Sehenswürdigkeiten. Für mich waren aber die alten Festungen und Bauten aus der Seeräuberzeit das Interessanteste an der Stadtbesichtigung.

Wir blieben ein paar Tage in Campeche, besuchten unser Restaurant „La Pigua" noch einmal und bestellten wieder

---

[73] Nicht mit Rum sondern mit Tequila aus dem Bundesstaat Tequila.

ein vorzügliches Essen. Diesmal artete es jedoch nicht so aus. Am Abend beschlossen wir am nächsten Morgen in Richtung Ciudad del Carmen aufzubrechen. Donnerstag, den 16. Februar 2012 erledigte ich in der Frühe das Übliche, Flagge hissen, Hafenmeister und Zollformalitäten erledigen und zurück in den Golf von Mexiko.

Nachdem alle Segel gesetzt waren, lief das Schiff ruhig und optimal am Wind. Ein Pott Kaffee, zwei Toast, ein gekochtes Ei und dann wurde in Ruhe gefrühstückt, anschließend genoss ich ein hervorragendes Pfeifchen. Meine Automatik nahm mir jegliche Arbeit ab, sodass ich mir Gedanken machen konnte, wie sollte es jetzt mit dem Admiral und mir weiter gehen. Eigentlich hatte ich ja meine Mission erfüllt, ich war in Mexiko angelangt, hatte meine zwei Lieben getroffen, die jetzt von Ciudad del Carmen weiter nach Guatemala, Honduras und Nicaragua Richtung Panama fahren wollten. Um sie da nochmals zu treffen, hätte ich den Panamakanal durchfahren müssen. Das jedoch war für mich nicht möglich, es war verboten den Kanal alleine zu befahren. Ich hatte zwar meinen Admiral dabei, aber ob er auch zählte? Außerdem war ich der Meinung, es war langsam genug, vielleicht war auch ein wenig Heimweh (glaube ich aber nicht) dabei. Admiral Jason, so meine Beobachtung, hatte auch das Schnäuzchen voll, sehnte sich nach seiner Decke neben dem Kamin. Aber was sollte ich machen? Nonstop zurück, es ging zwar bergab, so waren aber immer noch 25 Tage zu kalkulieren. Ich ließ es erst mal auf sich beruhen und setzte meinen Törn nach Ciudad del Carmen fort.

Viel zu spät hörte ich den Wetterbericht ab, der einen Taifun aus Richtung Miami – Bahamas – Cuba auf die mexikanische Küste meldete. Nun war ich aber schon 75 Seemeilen gesegelt, also über die Hälfte der Strecke. Was war zu tun? Als Erstes stellte ich fest, diesen Mist brauchten wir eigentlich gar nicht mehr. Es war unerträglich heiß, noch wehte ein kräftiger Wind von See her, das konnte sich aber schlagartig ändern. Sofort begann ich mit den Vorbereitungen. Alle Daten und Koordinaten wurden notiert, vom ersten Mast holte ich das Großsegel und stülpte über Baum und Segel die Segeltasche [74]. Am Baumnock[75] befestigte ich ein Seil und legte es um den zweiten Mast und zog den Baum so fest es ging. Am zweiten Mast wurde das Großsegel in die letzte Stufe gerefft, so hatte ich die kleinste Angriffsfläche. Die Fock wurde durch die Sturmfock ersetzt, auch diese wurde erheblich verkleinert. Wir befanden uns viel zu nahe am Ufer, also fuhr ich einen größeren Abstand zur Küste. Alle losen Gegenstände wurden unter Deck verfrachtet und gesichert, meine elektronischen Geräte abgeschaltet und die Antennen getrennt. Mittlerweile zog das Unwetter auf, der Wind war verschwunden, es war absolut windstill. Jeder Segler weiß, was dann auf ihn zukommt. A.-J. bekam seine Schwimmweste an und musste unter Deck. Noch war die Hitze unerträglich, doch das änderte sich bald. Auch ich zog meine Schwimmweste an und sicherte mich mit einem Seil, was ich an der Reling einhakte. Das Boot wurde dichtgemacht, alles wurde ein letztes Mal kontrolliert, mein alter Kompass, den ich vorher überprüft hatte, kam nun wieder zum Einsatz. Die Automatik war außer Betrieb, also musste wie in alten Zeiten gesegelt werden.

---

[74] Schutzhülle für Baum und Segel
[75] Das äußere Ende des Baums

Es dauerte keine zwei Minuten und das Szenario nahm seinen Lauf. Das Boot wurde hin und her geschmissen, wir wurden von der Backbord- auf die Steuerbordseite gedrückt, ein Durchkentern konnte ich gerade noch verhindern, das Vorschiff tauchte in die erste große Welle hinein, die sogleich über unser Boot hereinbrach. Die Schaumkronen der Wellen schienen mit dem Himmel zu verschmelzen, dann fielen sie wieder in sich zusammen, um uns gleich darauf abermals in die Höhe zu katapultieren und dann unter uns zusammenzubrechen. Das Ruder hatte ich fest in der Hand, leider hatte ich vergessen mir Regenjacke und Südwester anzuziehen, es war ja so furchtbar heiß gewesen. Aus Erfahrung hätte ich jedoch wissen müssen, was auf mich zukam. Genau so geschah es dann auch. Ich war vollkommen durchnässt, eine Welle nach der anderen stürzte über mich, es blitzte und donnerte und ich hatte das Gefühl, von meinen Ohren blieb nur noch ein Totalschaden übrig. Hatte ich mir nicht noch vor einer Stunde Gedanken gemacht, was mache ich denn nun? Wie hieß der Spruch: „Erstens kommt es anders, zweitens als man denkt." So wie es im Moment aussah, brauchte ich mir keine Gedanken zu machen, ob ich zurück segeln oder durch den Panamakanal fahren sollte, es würde sich bei Koordinaten 19°50′28″N, 93°33′20″W die Sache von alleine regeln. Aber so leicht gaben wir nicht auf. Ein Taifun war es wohl nicht, höchstens ein paar Ausläufer. Es wurde gesegelt, was das Zeug hielt und in der Tat, das Zeug hielt. Wären die Segel auch nur einen Fuß größer gewesen bei Groß oder Fock, der Sturm hätte sie in tausend Fetzen zerrissen. Drei Stunden hielt das Szenario an, dann wurde es langsam ruhiger um uns herum. Der Wind blies immer noch heftig, Jason durfte wieder an Deck, seine Weste musste er anbehalten, bis sich alles beruhigt hatte. Aber die See beruhigte sich nur sehr langsam. Nun rächte es sich, dass ich mir keine Regensachen angezogen hatte. Da ich vollkommen durchnässt war und die Luft wieder heiß wurde, verdunstete das Wasser auf meiner Haut schlagartig. Dadurch entstand eine Verdunstungskälte[76] auf meinem Körper, dass ich gar nicht so schnell zittern und mit den Zähnen klappern konnte, wie ich fror. Steif vor Kälte war ich nicht in der Lage mich umzuziehen, alle Klamotten riss ich mir vom Körper.

Nach einigen Minuten hatte die Sonne mich dann doch wieder erwärmt. Ich schaute über die brodelnde See und meinte in einer Entfernung von ca. einer Seemeile ein Notsignal wahrgenommen zu haben. Mein Fernglas vor den Augen suchte ich den Bereich ab und genau da war es, ein zweites Signal nahm ich wahr. Es war nicht so einfach bei dieser krabbeligen See Kurs auf die Stelle zu halten, meine Segel fuhr ich komplett ein, warf den Diesel an und fuhr in diese Richtung. Nach einer Viertelstunde sah ich einen Mann in seiner Schwimmweste mit beiden Armen winken. Ich hielt direkt auf ihn zu, es war Eile geboten, nicht wegen der Temperatur, eher der Haie wegen. Sofort warf ich die Strickleiter Backbord über die Reling, die er auch sogleich nahm und an Bord stieg. Irgendwie sah der Junge ziemlich fertig aus, ich schätzte ihn auf Mitte vierzig, er war aber kein Mexikaner. Nun gab ich ihm erstmals trockene Kleidung, wusste ich doch, was ihm sonst blühen würde (Kälteschock wie bei mir kurz bevor). Admiral Jason überprüfte den Neuling misstrauisch, der da auf unser Boot gekommen war.

---

[76] Entsteht bei starker Verdunstung

Langsam kam er wieder ins Leben zurück, er stellte sich vor „Andy Mac Millan!" Auch das noch, schoss es mir durch den Kopf, ein „Amerikaner". „Sag mir mal mein Junge, wer hat dich bei dem Wetter denn so weit rausfahren lassen? Haben sie dir dein Boot geklaut oder bist du zu Fuß unterwegs? Aber warte, ich werde dir erst mal einen Grog holen, Whisky gibt es keinen an Bord." „Aye, aye Sir", kam die knappe Antwort. Ich ging zum Niedergang, drehte mich noch einmal um und schaute mir den Burschen genauer an, taxierte ihn und beschloss, er bekäme einen nordischen Grog[77]. Schließlich wusste ich doch aus Filmen, bekamen die Amis zu viel Alkohol, dann randalieren sie. Der Admiral, der nur das Wort Grog mitbekommen hatte, setzte sich sofort in Position. In der Kombüse angelangt machte ich gleich zwei große Gläser mit Grog, für unseren Gast einen doppelten Nordischen und mir einen doppelten Windstärke 12[78], für den Admiral seinen legendären Eierbecher. Oben angekommen, die See hatte sich weiter beruhigt, tranken wir auf der Achterbank unseren Grog. Nach einiger Zeit beruhigte sich mein soeben gefundener Gast, ich hatte schon befürchtet, er hätte Parkinson, doch es war nur die Aufregung.

Langsam taute er auf und erzählte, was passiert war. Er war auf dem Weg nach Campeche, als ihn der Sturm überraschte. Sein Boot sei überhaupt nicht manövrierbar gewesen, schon die erste große Welle hätte ihn von Bord geputzt. Glücklicherweise segelte er immer mit Schwimmweste, so hatte er die wenigstens an. Nun musste ich doch einige Fragen loswerden: „Wieso war das Boot nicht manövrierbar?" „Ich weiß nicht, das Ruder

---

[77] 3/10 Wasser 7/10 Rum
[78] 0/10 Wasser 10/10 Rum

reagierte nicht, wohin ich es auch drehte." „Und was war mit den Segeln?", fragte ich ihn und er antwortete: „Die hatte ich komplett eingeholt. Ich bin auch sofort in Richtung Ufer gefahren soweit es ging." Nun klärte ich ihn erst einmal auf, dass man bei so einem Sturm so schnell wie möglich von der Küste weg segeln müsste, um nicht an Land geworfen zu werden. Segeln kann er also nicht, dachte ich mir. „Hattest du denn nicht den Wetterbericht gehört?" „Doch, doch, aber ich hatte Streit mit meiner Partnerin und bin einfach los gesegelt." „Frauen und Seefahrt passen nicht zusammen, das musst du doch wissen", sagte ich zu ihm. Er nickte und sah zur Küste rüber. „Wo ist nun dein Schiff?" Er zuckte mit der Schulter und zeigte auf die offene See. „Nein, das glaube ich nicht, der Sturm kam von der See her, also muss es an die Küste getrieben sein". Er winkte ab, ist auch egal, sagte er, vielleicht findet die Küstenwacht mein Boot.

Ich nahm ihn mit nach Ciudad del Carmen, wo er ein Ferienhaus besaß. Er kam aus Provincetown, 364 Commercial Street im Staate Massachusetts, USA und betrieb ein Softwareunternehmen mit 115 Mitarbeitern. Sofort fiel mir auf, wonach der Bursche die ganze Zeit roch, er roch „nach Kohle". „Ach übrigens", sagte er, „mach dir keine Sorgen um mein Boot, es ist gut versichert. Sollte es an Land gespült worden sein, ist es sowieso Schrott und wahrscheinlich ausgeplündert." Sarkastisch meinte er: „Wir Amerikaner sind hier nicht sehr beliebt." Ich fügte hinzu, was heißt „hier". Er verstand es nicht direkt, was wahrscheinlich gut war.

Ich stellte meine Daten neu ein, schaltete die Automatik wieder zu, sofort ging mein Boot auf neuen Kurs in Richtung Ciudad del Carmen. Die Segel wurden ständig neu korrigiert, nach drei bis vier Seemeilen wurde die Sturmfock gewechselt. Mein neuer gefundener Gast kam aus dem Staunen nicht mehr heraus, so viel Technik hatte er wohl noch nicht gesehen. Und das Phänomenale, anders als bei den Amerikanern, es funktionierte auch alles reibungslos. „Ach", sagte ich, „Mach dir nichts daraus, es ist eben Made in Germany", er konnte sich nicht sattsehen an meinem Boot.

Der Admiral machte eine Sicherheitsprüfung, durchsuchte jeden Winkel auf dem Schiff, nach so einem heftigen Sturm sind für ihn die Prioritäten gesetzt: 1. Klabautermann, 2. Kraken, 3. Monster und 4. Piraten suchen, beim Letzten angekommen begutachtete er Andy ganz besonders streng. Andy schaute mich fragend an, ich sagte zu ihm: „Das ist nicht anders als bei euch." „Auf deinem Schiff würde wohl der CSS[79] kommen. Zudem würden mehrere Schnellboote uns umstellen, aber wir Deutschen haben nicht so viel Angst, dass uns ein Hirni in die Luft sprengt." Er sprach nur von meinem Boot und wie Amis eben sind, wollen sie alles haben, was sie sehen. Er wollte von mir wissen, warum ich in Mexiko war? Ich erzählte ihm, dass ich meine Tochter Petra und meinen Schwiegersohn Klaus in Ciudad del Carmen treffen würde. „Ach", sagte er, „dafür kommst du extra aus Deutschland nach Mexiko?" „Ja, ja", sagte ich, „geht ja wohl nicht anders." „Wohnen sie hier in Ciudad del Carmen?", fragte er mich. „Nö, sie sind auf der Durchreise." Er schaute mich ungläubig an: „Urlaub?" „Nö, die haben ihre Rente durch", gab ich zurück.

---

[79] Security Service der USA

Nun konnte er nicht anders: „Wie alt sind denn deine Kinder?"„46", gab ich zur Antwort. „Hm", er schluckte zweimal, schüttelte den Kopf und sagte: „Wie macht ihr das eigentlich in Germany?" „Wir müssen bis ins hohe Alter arbeiten, bis wir in Rente können." „Hm", sagte ich und zog die Schulter hoch. Nun erklärte ich ihm, dass wir ja den letzten Krieg verloren hatten, vielleicht lag es daran. „Nein", sagte er, „das kann nicht sein, wir verlieren jeden Krieg und müssen trotzdem länger arbeiten." „Vielleicht sind eure Häuser zu hoch?" „Ja ja, wahrscheinlich", sagte er dann geistesabwesend und nickte mit dem Kopf. Da mein Boot wie von Geisterhand durch das Wasser glitt, hatten wir Zeit zum Klönen.

Er wollte noch wissen, was ich denn vorhatte? Wie lange ich in Mexiko bleiben und wohin ich noch segeln wollte? Nun machte ich ihm klar, dass meine Mission eigentlich beendet war, aber noch nicht feststand, wie es weiterging. „Vielleicht verkaufst du ja dein Boot hier oder in Veracruz, da ist eine große Werft." „Ach", sagte ich, „soll ich etwa zu Fuß nach Hause gehen?" Er hob die Schulter. „No, no!" Ich merkte, mein Findling war nicht der Blitzdenker vor dem Herrn. Er kam wieder auf mein Boot zu sprechen: „Das Schiff war bestimmt sehr teuer?" „Ja, ja", sagte ich, „das ist wahr, sogar sehr teuer." Und schon schoss er die nächste Frage ab: „Was würde denn deiner Meinung nach dieses Boot kosten?" Ich überlegte kurz: „Ich denke, der Preis läge zwischen der USCGC Eagle[80] und der Gorch Fock[81]." Er nickte gedankenversunken und ich erkannte, wie seine Hochfinanzen an die Grenze seines Gehirns

---

[80] Amerikanisches Segelschulschiff
[81] Deutsches Segelschulschiff

stießen. Nun wurde es mir langsam zu bunt. Ich werde uns jetzt zuerst mal einen anständigen Grog machen, dann reden wir Klartext, ging es mir durch den Kopf. In der Kombüse angekommen stellte ich schnell den Braten auf den Herd, hatte ich doch versprochen ein Abendessen für uns drei vorzubereiten. Eine kurze Frage an meinen Findling: „Möchtest du heute Abend mit uns zu Abend essen?" „No, no, ich muss nach Hause, meine Freundin wartet bestimmt schon auf mich und macht sich Sorgen."

Nachdem ich den Grog fertig zubereitet hatte, ging ich wieder nach oben und setzte mich neben meinen neuen Freund. Wir nahmen einen kräftigen Schluck, philosophierten kurz über diesen Tag und die Rettung Amerikas vor dem Absaufen, ventilierten noch einmal metaphysisch den Plumps von der amerikanischen Segeljacht Shannon in die kochende See und die Rettung durch den Zweimaster Jupiter 1. In Gedanken sah ich die Schmach in den Augen meines Freundes von einem Deutschen aus dem Wasser geholt zu werden, eigentlich sahen sich die Amerikaner doch so gerne in der Rolle der Retter (was für ein Irrglaube). Er begann erneut von meinem Schiff zu palavern, sofort unterbrach ich ihn. „Hör einmal zu mein Junge, glaubst du etwa, ich hätte dich aus der Badewanne gezogen, damit ich dir mein Schiff verkaufe und zu Fuß nach Hause gehe?" „Aber warum nicht, du sagtest doch selbst, deine Mission sei eigentlich beendet." Jason sah mich und ich ihn mit großen Augen an, in Gedanken kam Panik in mir hoch, ich sollte „MEIN Schiff" an einen Amerikaner verkaufen? Alle meine Freunde würden sich von mir abwenden, Admiral Jason die Schmach wahrscheinlich nicht überleben. Wahrscheinlich müsste ich mich mit unserer Bundeskanzlerin Angela Dorothea Merkel in Verbindung setzen, ob ich dieses Hightech-Boot überhaupt an die Amis verkaufen dürfte. Mein Boot unter amerikanischer Flagge, unvorstellbar!

Vor lauter Grübeln bekam ich schon leichtes Kopfweh. Nun machte ich ihm klar, dass die Verhandlung Bootsverkauf oder nicht bis aufs Weitere vertagt wäre. „Andy, hör einmal gut zu. Ein alter Philosoph Namens Sokrates 469 v. Chr. sagte einmal, alles auf der Welt regelt sich von alleine. So steht es in seinem 4. Buch geschrieben auf Griechisch. Du brauchst aber nicht nachzuschauen, kannst die Schrift nicht lesen, ich auch nicht. Jetzt werden wir erst einmal an die Pier anlegen und schauen, ob deine Freundin auf dich wartet. Sollte sie mit der Bratpfanne dort stehen, dann hast du's sowieso hinter dir und Bootskauf ist passé. Dann hätte der alte Sokrates wieder mal recht gehabt."

Am Sonntag, den 19. Februar 2012 um 15:35 Uhr erreichten wir nach genau zweiundzwanzig Stunden Törn von 122,5 Seemeilen bei Koordinaten 18°39'05''N, 91°50'20''W „Ciudad del Carmen". Die Stadt war nicht ganz so alt wie Campeche, sie wurde gegründet in den Jahren 1716 und 1717, sie erlebte aber noch knapp die Seeräuberepoche. Auch hier hatte ich mich mit Petra und Klaus im alten Hafen nahe der Festung von Ciudad del Carmen verabredet. Wir machten mit der Backbordseite an die Pier fest, wo uns auch schon meine zwei Lieben begrüßten. Ihr Expedi stand unweit von unserem Liegeplatz entfernt. Sie staunten nicht schlecht, fuhr ich doch alleine von Campeche los, nun kamen wir mit einem Ami zurück. Ich erklärte ihnen, dass ich den Kleinen unterwegs gefunden hatte. Er habe versucht zu segeln und hatte sein

Schiff verloren. Seine Freundin war aber nicht zu sehen. Auf der Fahrt nach Ciudad del Carmen hatte ich schon ein Abendessen vorbereitet, so blieb noch Zeit uns ein wenig im Hafen umzuschauen. In einem kleinen Hafencafé legten wir eine Pause ein. Mein neuer Gast „Andy Mac Millan" lud uns zu sich nach Hause ein, er hatte ein Ferienhaus in Ciudad del Carmen. Nun fiel es mir wieder ein, hatte er nicht Stress mit seiner Partnerin? Also machte ich ihm den Vorschlag: „Geh du erst einmal nach Hause und dann sehen wir uns morgen gegen 15 Uhr hier am Kai wieder." Er nickte: „Aye, aye Sir", beglich unsere Rechnung und ging nach Hause.

Wir schlenderten noch einmal durch den Hafen, schauten uns hier und da einige interessante Bauwerke an, dann wanderten wir langsam zu meinem Boot. Ich machte das Essen fertig, es gab Sauerbraten mit Kartoffelklößen, dieses Mal nicht wie in „La Romana" mit Rindfleisch, sondern mit mexikanischem Eselfleisch. Der Vorteil dabei war, ich brauchte keinen Schuss Rotwein, da das Fleisch schon von Natur aus mit Tequila durchzogen war. Das Rotkraut brauchte ebenso keinen Rotwein mehr, das Fleisch war im Geschmack stark genug. Dazu gab es mehrere Flaschen Corona hell. Der Admiral, der aus Tierschutzgründen von unserem Fleisch nichts mitbekommen hatte, bekam frisch vom Markt frittierte Haiherzen auf Toast mit Butterflöckchen und Thymianblüten ohne Chili. Nach all den Strapazen, Sturm und dem guten Essen sowie Seenotrettung fielen uns die Augen immer öfter zu, also machten wir für diesen Tag Schluss und gingen zeitig schlafen.

Am nächsten Morgen frühstückten wir alle zusammen ganz gemütlich bei mir an Deck und dann nichts wie ab. Zuerst gingen wir in einen wunderschönen Park, wo wir die alte Xaman-H Ruine der Mayas besichtigten. Natürlich durfte auch der große Fährhafen von Ciudad del Carmen nicht fehlen. Danach ging es in die Innenstadt und wir kehrten in ein großes Café ein. Es war das „AH Cacao Chocolate Café" Ecke 5. Avenue und der 30. Calle. Kaffee mit Schokolade – und beides kam aus Mexiko – dazu gab es einen hervorragenden Kuchen. Ansonsten gab die Stadt nicht viel her, obwohl auch hier einige Kreuzfahrtschiffe anlegten. Wir blieben trotzdem noch einige Tage hier, um uns ein wenig zu erholen und die Zeit gemeinsam zu genießen.

Am Montag, den 27. Februar um 17:30 Uhr stand mein amerikanischer Wasserfindling mit seiner Freundin an meinem Boot und die Beiden schauten sich die Augen wund. Ich kam gerade mit A.-J. vom Einkauf zurück, stellte meinen Einkaufskorb über die Reling an Deck und begrüßte sie. Andy stellte seine Freundin vor: „Melanie, genannt Melly". Vorsichtig schaute ich mir Andys Kopf an, ob ein oder zwei Beulen zu sehen waren (Bratpfannen-Attacke), doch nichts war zu sehen. Ich lud sie ein an Deck zu kommen und bot ihnen einen Kaffee an. Mit Kaffee konnte ich die Amiherzen nicht erfreuen. Andy, der wusste, was es auf meinem Schiff gab, wünschte sich einen Grog. Madame Butterfly, seines Zeichens Melly, wünschte sich einen doppelten Whisky! Ich erklärte ihr, dass auf einem deutschen oder englischen Segelschiff schon seit Jahrhunderten nur Rum oder Grog getrunken wurde. Andy erzählte mir, dass sein Schiff 20 Seemeilen vor Ciudad del Carmen gefunden wurde. Es war an Strand geworfen

und total zerstört worden. Mastbruch und die Backbordseite war vom Bug bis achtern aufgerissen. Ich sprach ihm
mein Beileid aus, doch er winkte ab. „Was soll es, hat mir
sowieso nicht gefallen." „Und so einem Banausen soll ich
mein Boot verkaufen?", schoss es mir durch den Kopf.
Nein, nein, da wird nichts draus. Melly verdrehte ihre
Kulleraugen, Andy zog die Schulter hoch und er bat um
einen weiteren Grog. Ich gab ihm den Rat einfach mal
segeln zu lernen. „Amerikaner werden nun mal nicht als
Segler geboren, aber man kann es lernen."

Nun war eine Spur Resignation bei Andy und Co zu erkennen. Nach einer Weile sagte Melly: „Was nicht ist, kann ja
noch werden." In Gedanken stellte ich mir die Frage, hat
die eigentlich keinen Friseur, dem sie das erzählen kann?
Andy fragte: „Wo fährst du nun hin, was ist dein nächstes
Ziel?" Ich überlegte kurz und dann wusste ich, wohin
mein nächster Törn gehen sollte: „Nach Veracruz! Meine
Kinder, A.-J. und ich werden noch ein paar Tage hier in
Ciudad del Carmen bleiben, dann fahren meine Zwei weiter Richtung Panama und ich nach Veracruz." Acht Tage
verbrachten wir vier noch in Ciudad del Carmen, dann
ging es für uns weiter. Am Abend vorher gab es noch eine
kleine Abschiedsfeier, dann war unser Treffen „Mexiko" vorbei.

10. Kapitel

Am Donnerstag, den 01. März 2012 auf offener See ange-kommen, fuhren wir noch eine Wende und drehten ab in Richtung 19°11'33''N, 96°9'50''W Veracruz. Vor uns lagen 340 Seemeilen, bei günstigem Wind bräuchten wir drei Tage, um unser Ziel zu erreichen. Zu diesem Zeitpunkt war noch nicht zu erkennen, was für eine Rolle diese Stadt in unserem Leben einnehmen würde. Am Samstag-morgen, den 03. März 2012 um 06:15 Uhr fuhren wir in den Hafen von Veracruz ein. Mir fiel auf, dass einige Schnellboote hin und her kreuzten, auch Polizei sowie Zollboote waren dabei. Es wurde die See abgesucht. Hier ging es doch etwas genauer zu als in all den anderen Hä-fen auf meiner Tour. Beim Einlaufen in den Hafen wurden wir sofort von einem Zollboot in Empfang genommen. Es brachte uns an die Pier des Zollbüros, wo wir auch gleich bearbeitet wurden. „Señor Capitán, sus datos por favor"[82], ich übergab ihnen meine Papiere, auch die von A.-J. In Cancún hatte ich vorausschauend eine Tierärztin Dr. med. Veterinär Maria Enriqueta Ramirez aufgesucht und einen Gesundheits-Pass für Admiral Jason erstellen lassen. Wie sich nachher herausstellte, hatte die Ärztin in Berlin an der Freien Universität studiert.

Die Zollbeamten begannen in Seelenruhe mein Boot zu zerlegen, anschließend wurde auch noch „Drogenhund Juan" eingesetzt, was dem Admiral überhaupt nicht pass-te. Nach dem Sinn zu fragen konnte ich mir eigentlich sparen, mein ungläubiger Blick erweichte jedoch die Zoll-beamtin Juanita Zéres. Sie erklärte mir, was da vor sich

---

[82] Ihre Daten bitte, Käpt'n

ging. Sie fragte mich: „Haben Sie die Schnellboote vor der Küste gesehen?" Ich nickte mit dem Kopf. „Ja doch, ich hatte schon geglaubt, ich würde erwartet." Sie lachte und sagte: „Wir haben gewartet, aber nicht auf Sie. Vor ein paar Stunden hatten wir die Jacht von Miguel Ángel Treviño, dem Chef des Drogenkartells „Los Zetas", versenkt." Nun bestand die Möglichkeit, dass einige Drogenpäckchen als Treibgut aufgefischt werden könnten. Deswegen waren sie hier. „Hm, das leuchtet mir ein. Aber glauben Sie denn, ich wäre mit den Päckchen hier in den Hafen eingelaufen?" Sie schaute mich mit ihren dunklen Augen misstrauisch an und meinte nur kurz „Wer weiß?" Nach etwa vier Stunden war die Prozedur beendet, es wurde alles wieder zusammengebaut, was an Land abgestellt war, kam wieder auf seinen Platz zurück. Admiral Jason regte sich noch fürchterlich auf, hatte doch Juan einige Leckerli gemopst. Sie verabschiedeten sich, wünschten einen angenehmen Aufenthalt in Veracruz und die Sache Zoll war beendet.

Sofort legten wir ab und fuhren mit Motorkraft in den nächsten freien Hafen, der sich in der Nähe der Festung San Juan de Ulúa befand. Ich vertäute mein Boot am Ende des Stegs und zu meiner Freude sah ich, dass sogar Strom und Wasser vorhanden war. „Naja", dachte ich mir, hier können wir zwei einige Zeit verweilen. Wir gingen zum Hafenmeisterbüro und meldeten uns an. Sofort wurde ich gefragt, ob ich schon den Zoll absolviert hätte. Ja, sagte ich, mein Schiff wurde schon von innen gereinigt. „Ach", sagte er, „hat der Zoll ihr Boot auch auf den Kopf gestellt?" Er stellte sich vor: „Francisco Lerdo Calvijero. Haben sie was bei Ihnen gefunden?" Ich schaute ihn erstaunt an und fragte, was sollten die denn finden? „Ach, war nur so eine Frage." Einen Moment später fügte er hinzu: „Aber sollten sie Hilfe brauchen, ich bin immer für Sie da." Ich bedankte mich und fragte nach der Liegegebühr. Er nannte einen Preis, der akzeptabel war. Doch eine kleine Bemerkung musste ich noch los werden. „Wissen sie, dass genau hier gegenüber damals die Schiffe von Henry Morgan und Francois Lolonois lagen? Und die haben keine Liegegebühr gezahlt." Er schaute mich an und lächelte. „Ja, das weiß ich, sie bezahlten mit Kanonenkugeln, aber das waren ja auch Piraten und die hatten Kanonen an Bord, haben Sie denn Kanonen an Bord?" „Nein", sagte ich. „Na also, keine Kanonen, kein Liegeplatz frei." Okay, sagte ich, er gab mir noch einige Tipps, was ich mir unbedingt anschauen sollte in der Stadt. „Über die Festung brauche ich Ihnen ja nichts zu erzählen, wie ich höre, sind sie bestens informiert." Nun gab er mir noch die Pin-Nummer für den Internetempfang und wir gingen zu unserem Schiff.

Mittlerweile war es schon 14:45 Uhr und ich wollte Mechthild zu Hause anrufen, sie hatte heute, am 03. März immerhin Geburtstag. In Deutschland war es sechs Stunden später als bei uns in Mexiko. Ein kurzes Klingeln und sie meldete sich auch schon. Nach der Gratulation wurde erzählt, war sie doch der Meinung, ich hätte sie vergessen. Dann kam die Frage, die kommen musste: **„Wann kommt ihr zwei nach Hause?"** Sofort war ein Knistern in der Leitung zu hören, kleine blaue Blitze stiegen zu dem Satellit auf, um auf meiner Seite herab zuschießen. Es war ein Gefühl, als würde mein Ohr gelöchert. „Ja", sagte ich, „das ist eine gute Frage." Sie merkte natürlich sofort, dass ich noch keinen Plan hatte. „Deine Mission ist doch beendet." A.-J., der mittlerweile herausgefunden hatte, dass sein heißgeliebtes Frauchen in dem komischen Teil am Ohr seines Herrn sein musste, begann herzzerreißend zu jammern. Auch ich spürte ein leichtes Heimweh (aber nur ein kleines). „Nun ja, so genau weiß ich das noch nicht", überlegte ich laut vor mich hin. „Mit dem Boot zurück, auch wenn ich Nonstop segeln würde, dauert es 25 bis 30 Tage und ich käme in die Frühjahrsstürme im März und April." „Ich mache dir einen Vorschlag, verkaufe dein Schiff und komme mit meinem Jason zurück", sagte sie. „Und wie stellst du dir das vor, soll ich etwa zu Fuß kommen oder mit dem Flugzeug?" „Flugzeug geht nicht, das lässt du schön sein, du weißt ja, dass Jason dann in den Frachtraum muss." „Aber lass mal, mir wird schon noch was einfallen", sagte ich, „Wir werden nächste Woche noch einmal telefonieren." Mittlerweile waren auch schon einige Gäste zu ihrem Geburtstag eingetrudelt, ich bestellte noch viele Grüße und verabschiedete mich.

Den Samstag verbrachten wir zwei an Bord mit einem guten Essen, ein Gläschen Dornfelder halbtrocken und ein Pfeifchen „Exklusiv Royal", der Admiral bekam seine Medizin gegen Zecken und Klabautermannhusten (der hier in der Karibik sehr verbreitet war) im Eierbecher gereicht. Die nächsten drei Tage waren vorgesehen für Besichtigungen aller Art. Schwerpunkt waren natürlich die alten Festungen mit ihren Kanonen und Requisiten.

Doch dann kam der Montag, der 5. März 2012 es schien wie immer die Sonne in voller Stärke, es war ein traumhafter Morgen. Aber wie heißt es doch: „Du sollst den Tag nicht vor dem Abend loben!", so war es auch an diesem Montag. Nach dem Frühstück wurde rein Schiff gemacht, alles wurde kontrolliert, Segel überprüft und gereinigt.

Am frühen Nachmittag nach einem Tässchen Mokka und einem äußerst leckeren Stück Kuchen beschloss ich nochmals in die Stadt zu gehen, ich musste einiges einkaufen. Plötzlich ein leichtes Vibrieren in der Luft, Enten und Schwäne suchten das Weite. Dann schlug es mir fast den Boden unter den Füßen weg, neben mir stand Andy und Madame Butterfly. Mit großen Augen schaute ich die beiden an und fragte ungläubig: „Ihr wollt doch nicht schon wieder mein Boot kaufen?" „Doch", kam sofort die Antwort zurück, so viel Zähheit, Beharrlichkeit und Verbissenheit hätte ich nicht von einem Ami erwartet. Sie luden mich zum Abendessen in einem kleinen Hafenrestaurant gleich in der Nähe ein. Eine plausible Ausrede fiel mir so plötzlich überhaupt nicht ein, also sagte ich einfach zu. Andy wollte für uns einen Tisch reservieren. Wir tranken einen kleinen Grog, er prostete auf unsere gute Freundschaft und beide strahlten wie zwei frische Germknödel[83] im Sonnenlicht. Wir vereinbarten uns gegen acht Uhr im Restaurant zu treffen, dann gingen die beiden und ich konnte an meinem Boot weiter arbeiten.

Das Restaurant lag nur ein paar Schritte von meinem Boot entfernt, sodass ich genau sehen konnte, wer ein und aus ging. Kurz vor acht sah ich sie beide ins Lokal gehen, beide waren seemännisch gekleidet in marineblau. Also zog auch ich meine Kapitänsjacke und Mütze an, Admiral Jason bekam sein rotes Seidenhalstuch umgelegt. Im Restaurant angekommen wurde ich mit einem Glas Champagner empfangen, A.-J. bekam einen Napf mit Wasser bereitgestellt. In Gedanken ventilierte ich noch mal, hatte ich etwa das Schiff schon verkauft und wusste es nur noch

---

[83]Mit Pflaumenmus gefüllter und in Butter, Zucker und gemahlenem Mohn gewälzter Hefekloß

nicht? Die Beiden taten so, als wäre der Verkauf schon perfekt. Die Vorspeise wurde serviert, es gab Calamari in Knoblauchsoße mit Tequila verfeinert. Bei A.-J., der nur vier Ringe bekam (ohne Tequila), regte sich etwas, er wurde misstrauisch. Auch ich schaute genauer hin, war das etwa die Krake, die wir in der Nacht von unserem Boot verjagt hatten, hatte sie es nicht geschafft und war doch in der Pfanne gelandet? Der Wirt servierte zwischendurch nicht zu kleine Gläser mit dem allerfeinsten Tequila. Es wurde geplaudert über alles und nichts, bis auf einmal über Segeln gesprochen wurde. Melly begann zu schwärmen, was Andy für ein leidenschaftlicher Segler war, immerhin wären sie durch den Panamakanal bis nach Ciudad del Carmen gesegelt, wo sie ein Ferienhaus besaßen. Ich fragte die Zwei, ob ein reger Verkehr auf dem Kanal war? Und ob, gab sie mir zur Antwort. Seid ihr den Kanal unter Segel- oder Motorkraft gefahren?[84] „Es war traumhaftes Segelwetter und wir sind unter vollem Segel gelaufen", gab sie mir zu verstehen. Ich schaute mir die Zwei an und dachte mir: „Nun, so ist das, die Amis können einfach nicht schwindeln, daran ist schon George W. Bush verzweifelt." Der Panama-Kanal darf nur mit Motorkraft befahren werden.

Das Hauptgericht, das Andy ausgesucht hatte, wäre nicht schlecht gewesen, doch die amerikanische Esskultur ließ mal wieder einiges zu wünschen übrig. Es gab Rind- und Hähnchenfleisch Chili con Carne gefüllte Tortillapäckchen, dazu Salsa Guacamole. Und dann bestellte der Banause doch tatsächlich Ketchup und Mayo dazu. Und so einem Cowboy[85] soll ich mein Schiff verkaufen? Dass die Haie

---

[84] Auf dem Panamakanal darf nur mit Motorkraft gefahren werden
[85] Kuhhirte

den in der Karibikbadewanne nach dem Sturm nicht angegriffen hatten, war mir nun auch klar, selbst Raubtiere haben so etwas wie einen guten Geschmacks. Der nächste Stilbruch war, dass Melly sich einen doppelten Whisky bestellte, der Wirt verdrehte die Augen, dass ich Angst bekam, seine Pupillen schafften es nicht mehr nach vorne zurück und blieben im Kopf hängen. Nach einiger Zeit gingen bei den beiden die Nerven durch, sie konnten sich nicht mehr zurückhalten. Andy begann wieder von meinem Boot zu schwärmen und versuchte mir die Heimreise schmackhaft zu machen. „Nun höre einmal gut zu, noch zweieinhalb Monate kann ich in Mexiko bleiben, erst dann muss ich weiterfahren oder meine Aufenthaltsgenehmigung verlängern." „Ja, das weiß ich, aber wir müssen zurück, wir haben die Rente leider noch nicht durch." „Wolltet Ihr denn mit dem Boot zurück nach USA segeln?" „Nein, nein, das sollte eigentlich in Ciudad del Carmen liegen bleiben. Dort haben wir ja einen Liegeplatz in der Nähe unseres Ferienhauses." „Wie lange könnt ihr denn noch bleiben?" Er überlegte kurz und meinte, so ca. zwei Wochen. „Gut", sagte ich, „ich mache Euch einen Vorschlag, wir werden diese zwei Wochen ausnutzen und segeln üben. Auch werde ich Euch in die Technik einführen, dann fahren wir zurück nach Ciudad del Carmen." Beide waren sofort mit dem Vorschlag einverstanden. Nun war der Bootskauf erst mal vom Tisch und wir konnten in Ruhe den Abend verbringen.

Für den anderen Nachmittag planten wir ein paar Anlegemanöver. Das Wetter war zwar sehr ungemütlich, aber gerade das machte die Sache ja interessant. Durch unsere Anlegemanöver wurde der Zoll auf uns aufmerksam mit dem Ergebnis, dass eine Kontrolle fällig war. Sofort übte ich mit Andy backbord an das Zollboot anzulegen, was auch hervorragend klappte. Da das Boot auf meinen Namen und unter deutscher Flagge lief, wurde nicht viel kontrolliert. Stattdessen sprachen wir über Fußball, ich musste gestehen, dass die Jungs mehr deutsche Fußballer kannten als ich (wie peinlich). Wir legten an die Pier an und machten Schluss für heute und verabredeten uns für den nächsten Tag morgens um 8:00 Uhr für einen kräftigen Segeltörn in Richtung Ciudad del Carmen. Wir wollten auf das offene Meer rausfahren. Kurz vor acht erschienen sie, das Wetter hatte sich beruhigt, sodass es ein schöner Segeltag werden konnte. Beide mussten ihre Schwimmwesten anziehen, wir fuhren zuerst mit der Automatik, so konnte ich ihnen diese direkt erklären. Wir hatten nach ein paar Stunden an die vierzig Seemeilen zurückgelegt, es wurde die Automatik abgeschaltet und von Hand weiter gesegelt. Nun ließ ich noch einige andere Ernstfälle üben, unter anderem ein „Mann über Bord" Manöver. Leider klappte das nicht so richtig, also wurde so lange geübt, bis es saß. Dieses Manöver kostete uns einige Stunden. Melly, die permanent alles anders machen wollte, wodurch wir bis in die Nacht üben mussten, ging uns langsam auf die Nerven. Andy schickte sie irgendwann in die Koje mit dem Ergebnis, dass sie fortan beleidigt war. Nun sah ich mich wieder bestätigt: „Frauen und Seefahrt passen nicht zusammen." Wir zwei übten den Ausfall der Positionslichter, Ankern bei Nacht, Position feststellen, wir sahen die Leuchtfeuer der Insel Enmedio und vom Leuchtturm „Faro de la Isla de Enmedio". Nun stellte ich unsere Automatik wieder ein, überprüfte unseren Radarschirm auf irgendwelche Hindernisse und gab neue Koordinaten ein.

Unser momentaner Standort lag bei Koordinaten 19°5'12''N, 93°22'55''W. Die Geschwindigkeit bei schwachem Wind lag bei 5,4 Knoten Krängung, ich übernahm mit dem Admiral die Hundewache[86]. Eine Kanne Kaffee, ein bis zwei Pfeifchen (Exklusiv Royal), leichte Musik, A.-J. machte seinen ersten Rundgang, es befand sich kein Klabautermann an Bord. Andy ging in seine Koje und eine himmlische Ruhe breitete sich an Bord aus. Da es ein anstrengender Tag war, war auch bei mir die Müdigkeit zu spüren. Immer öfters wurde ich nach einem kurzen Einschlummern wieder wach. Was aber nicht verhinderte, dass ein kleiner Traum durch mein so geplagtes Quantenphilosophengehirn mitsamt seiner Interwelt aus den Fugen zu geraten drohte. Ich stellte mir im Traum vor, wie Melly Enterhaken schwenkend mit schwarzem Kopftuch mit Totenkopf und Augenklappe vorne im Bugkorb[87] hing, furchtbar lustig. Bei diesem Anblick hätten die schlimmsten Seeräuber aller Zeiten, Henry Morgan und Francois Lolonois, ihre Armada freiwillig komplett versenkt und wären anschließend in ein Kloster von Campeche geschwommen, kein Hai hätte sie aufhalten können.

Gegen 6:30 Uhr morgens wurde ich von Mellys Aktivitäten geweckt, sie bereitete das Frühstück vor. Der Admiral rannte wie wild über Deck und suchte Kracken, Piraten und den Klabautermann, er hatte wohl auch einen schlechten Traum gehabt, genau wie ich. Sie schien sehr ausgeschlafen zu sein, wie immer zog sie alle Aufmerksamkeit auf sich. Irgendwie konnte diese Aufmerksamkeitsdominanzmaschine es nicht lassen, sich in den Vordergrund zu spielen. Ich dachte nur: „Mein armer Andy,

---

[86] Nachtwache
[87] Äußerste Stelle am Bug, nur geschützt durch eine überstehende Reling.

du tust mir so leid, aber Strafe muss sein." Nach dem Frühstück, was sehr gut war, hörte ich den Wetterbericht ab und stellte mit Entsetzen fest, dass ein Zyklon[88] der Stärke 1 in Anmarsch war. Stärke 1 ist eigentlich ein schwacher Sturm, in der Regel 100 bis 120 km/h stark. Erst am 01. Februar 2011 fegte der Zyklon „Yasi" durch diese Gegend und verursachte einen immensen Schaden. Doch nun kam ich zu dem Schluss, dass er sich hervorragend für unser Training eignete. Frühzeitig wurde alles gesichert, verstaut und vorbereitet. Gemeldet war er gegen Mittag, also besaßen wir noch ca. drei Stunden Vorlaufzeit. Hatten sich die Beiden bisher mit viel Aufwand dramaturgisch in Szene gesetzt, so war jetzt nichts mehr von ihnen zu hören. Ja, ich musste sie sogar etwas beruhigen und aufrichten.

Mit Andy überprüfte ich alle unsere Daten, stellte neue Koordinaten ein und rechnete die Entfernung zur Küste aus. Dann holten wir vom ersten Mast die Segel ein und befestigten den Baum am Fuße des zweiten Mastes. Ich erklärte Andy, warum ich das machte und schaltete die Automatik ab. Er sollte nun von Hand segeln, um es besser zu beherrschen. Melly bekam die Anweisung Schwimmweste anzulegen und sobald der Sturm aufkam mit A.-J. unter Deck zu gehen. Dies sagte ich in einem Ton, der keinen Zweifel aufkommen ließ, es nicht zu machen. Der Kapitän kommt sofort hinter dem lieben Gott und ist die höchste Autorität auf einem Schiff, er ist verantwortlich für Leib und Leben. Er ist berechtigt zu verheiraten oder zu scheiden. Und gegebenenfalls darf er in besonders schweren Fällen Mellys oder Andys in Ketten legen.

---

[88] Tropischer Wirbelsturm

Andy fragte, ob es nicht besser wäre mehr in Richtung Küste zu segeln? „Hast Du vergessen, warum Dein Schiff verloren ging?" „Nein, nein", „Na also", sagte ich. Meinen alten Kompass holte ich mir mit ans Ruder, die gesamte Elektronik wurde ausgeschaltet, Regenjacken angezogen, Südwester[89] aufgesetzt und fertig waren wir zum Kampf gegen die Wetterdämonen. Das Groß und die Sturmfock waren optimal gerefft, der Wind hatte kaum Angriffsfläche, aber noch genug für uns das Schiff zu steuern. Hieß es doch im Wetterbericht: „Leichter Zyklon Stärke 1."

Aber erstens kommt es anders und zweitens als man denkt. Nun holte ich zwei Rettungsleinen[90] nach oben, das eine Seil bekam Andy angelegt, das andere klinkte ich bei mir ein. Bei allem, was wir machten, erklärte ich meinem Bootsmann Andy, warum wir das taten. „Bei einem Zyklon verhält sich das Meer irrational, wodurch die Vorhersage der Wellen schlecht zu bestimmen sind, mal kommen sie steil, mal flach, mal von vorne, mal achtern." So war es auch bei uns, in ca. 200 Metern sah ich eine Riesenwelle auf uns zurasen, sofort schickte ich Melly und Jason unter Deck und gab die Anweisung alle Luken und Bullaugen zu schließen. Andy, den ich ans Ruder gestellt hatte, gab ich das Kommando das Ruder hart Steuerbord zu drehen. So kamen wir mit dem Bug 45° in die Welle hinein. Das Schiff tauchte tief in die Welle ein und wir wurden sanft in die Höhe katapultiert. Auf dem Wellenkamm ließ ich das Ruder hart Backbord drehen, sodass wir achtern die Welle abschweiften[91].Die erste

---

[89] Regenhut
[90] 3 m Seil mit zwei schweren Karabinerhaken zum Einklinken an Sicherheitsgeschirr und Klampen
[91] Mit dem Boot rückwärts die Welle runter fahren

Welle hatten wir hervorragend gemeistert, aber nun waren wir mitten im Wellenszenarium. Was nun kam, war harte Knochenarbeit, das Boot wurde instabil, wir wurden hochgeworfen, fielen in ein Wellental, das Boot bekam starke Krängung mal nach Steuerbord, dann wieder nach Backbord. Es blitzte und donnerte in einem fort. Blitze schlugen um uns herum ins Wasser, was die Sache noch gespenstiger machte. Wenn eine Riesenwelle über uns zusammenbrach, war das alles andere als lustig. Längst hatte ich aufgehört Andy Anweisungen zu geben, bei diesem Getöse verstand man kein Wort mehr. Wir verständigten uns nur noch mit Handzeichen. Wer nun glaubte, bei so viel Wasser wäre das Boot schön sauber geworden, der irrte gewaltig. Nach einem solchen Szenario fand man alles, was das Meer hergab, von Seetang, Fische, Holz, Plastik usw. Außer Admiral Jasons Toilette, die war immer blitzsauber nach so einem Sturm. Mittlerweile tobte die See schon vier Stunden, es war noch kein Ende in Sicht. Ich machte Andy mit Handzeichen klar, dass ich nach vorne musste, der Baum des ersten Mastes drohte sich zu lösen. Das wäre fatal, bei diesem Seegang würde er alles zertrümmern, was ihm im Wege stand.

Die Sicherheitsleine klinkte ich an der Reling ein, balancierte mich nach vorne und belegte den Baum mit einem weiteren Tampen. Bei der Rücktour schaute ich kurz durch ein Bullauge, sah den Admiral fest schlafend unter meiner Koje liegen, in der Nebenkajüte saß die Seeräuberbraut auf ihrer Koje mit gebeugtem Kopf über die Pütz[92], was mochte sie haben? Ihr war doch nicht etwa schlecht oder war sie gar seekrank? Zurück bei meinem

---

[92] Eimer

Bootsmann, der tapfer das Ruder mit aller Kraft hielt, die ihm zur Verfügung stand, sah ich ein leichtes Lächeln in seinem Gesicht. Nachdem ich mich wieder gesichert hatte, übernahm ich das Ruder, machte ihm klar, dass er die nächste Welle abwarten, schnell in die Kajüte runtergehen und sofort die Türe wieder verschließen sollte. Eine kleine Pause hatte er sich wirklich verdient. Dieses Getöse hatten wir fast die ganze Nacht durch, gegen Morgen ließ der Sturm nach, die See beruhigte sich nach und nach. Gegen acht Uhr brachte ich das Boot wieder auf Kurs, setzte alle Segel und schaltete meine Automatik wieder zu. Die GPS-Daten wurden überprüft und ich stellte fest, dass wir 10° nach Norden abgedriftet waren. Das war nicht viel, mit zwei Wenden waren wir wieder auf Kurs. So, und wo war nun das Frühstück? Melly sah aus, als sei sie schon seit zwei Tagen tot, sie hatte offensichtlich ihre Auferstehung verpasst. Andy sprang ein und zauberte ein wunderbares Frühstück für uns, doch Melly hatte keinen Hunger. Das verstand ich gar nicht. Sie hatte doch alles abgegeben, was im Magen war. Der Duft von frischem Kaffee, Rührei mit Speck, aufgebackenen Toast, Tante Bettis Marmelade aus old Germany war genau das Richtige nach dieser Nacht.

Nun war ich mir sicher, dass die Seefahrt zumindest für Melly ein für alle Mal zu Ende war. Nach dem Frühstück ging es uns drei, Andy, dem Admiral und mir wieder sehr gut. Melly, die nur eine Tasse Kaffee getrunken hatte, stand langsam wieder von den Toten auf. Wir erzählten lange von diesem Unwetter der letzten Nacht und Andy gestand, dass er am Anfang sehr viel Angst gehabt hatte. Ich versicherte ihm, dass es ganz normal wäre, jeder würde in einer solchen Situation Angst verspüren. Niemand wusste, ob er je heil daraus komme. Die Sonne knallte mit aller Macht auf uns nieder, sodass es Zeit war das Deck zu reinigen, bevor alles eintrocknen würde. Nach getaner Arbeit wurde eine großzügige Pause eingeläutet. Es waren noch ca. 100 Seemeilen bis Ciudad del Carmen, so wie es aussah, würden wir das in der folgenden Nacht schaffen. Nachdem wir so einige Stunden in der Sonne gelegen hatten, kamen meine amerikanischen Freunde wieder in ihren Urzustand zurück. Man glaubte es kaum, von wegen keine Lust mehr auf Segeln haben! Sie waren voller Tatendrang. Beide waren der Meinung, Segeln ist der schönste Sport, den es gab.

Schlimmer noch, sie fingen schon wieder mit dem Bootskauf an. Nun hatte ich aber genug von der Kaufwut der Beiden. „Hört mal gut zu", sagte ich leicht verärgert. „Wenn du denkst, ich verkaufe dir mein Hightech-Boot, dann verstoße ich in Germany nach AWV 1986[93] des BGBl 1482[94]." Gedankenverloren nickte er mir zu. „Nun stelle dir einmal vor, du würdest mir so ein Schiff verkaufen", er schaute mich mit großen Augen an, drehte sich um, sah zu Melly hin, konnte aber meinen Vergleich nicht recht einordnen. Nun nickte ich ihn an und erklärte: „Als Erstes würde dich die CIA jagen, dann gingst du sofort nach Guantánamo und dein Geld wäre auch futsch." Bei den Beiden herrschte absolutes Schweigen. „Doch bei uns ist das nicht ganz so schlimm wie bei euch. Wenn ich Pech habe, bekomme ich eine Geldstrafe von 20% der Verkaufssumme und eine Verurteilung zwei volle Tage jeweils eine Bundestagsdebatte live zu verfolgen. Das ist mindestens so hart wie dein Guantánamo."

---

[93] Außenwirtschaftsverordnung
[94] 1482. Bundesgesetzblatt *Jahrgang 2010*

Ich unterbreitete den Beiden einen anderen Vorschlag: „Ihr fliegt nächste Woche nach Hause, arbeitet noch eine Weile und ich komme mit dem Boot in ein paar Wochen nach Provincetown. Dann werde ich das Boot an Euch verkaufen und von dort nach Hause fliegen." Beide schauten mich skeptisch an. „Ja, ja", sagte ich, „es ist versprochen." Gibt ein deutscher Kapitän oder Seemann sein Wort, dann hält er es auch. Mittlerweile waren wir 25 Seemeilen vor Ciudad del Carmen, der Wind blies günstig, sodass wir schon früher anlegen konnten. Andy bot mir seinen Liegeplatz an, der im Nobelviertel von Ciudad del Carmen lag. Melly fragte mich, ob ich nicht bei ihnen schlafen wollte, solange sie noch da waren. Platz wäre genug vorhanden. Den Liegeplatz nahm ich an, aber übernachten wollte ich doch nicht bei ihnen.

Wir kamen am 10. März 2012 um 03:25 Uhr im Hafen von Ciudad del Carmen an Andys Liegeplatz an. Das Boot wurde am Steg festgemacht, es war sogar Strom vorhanden. Ich bot den Beiden an, sie könnten auch noch auf dem Schiff übernachten, wenn sie wollten. Andy wäre gerne noch eine Nacht geblieben, aber Madame Butterfly wollte nach Hause. „Es ist ja nicht weit, wir sind gleich zu Hause", sagte sie. Für den Abend lud sie uns zum Essen ein. Wir verabschiedeten uns bis dahin.

Nachdem ich alles erledigt hatte, setzte ich schon mal die Flagge. Dafür war es zwar zu früh, aber besser zu früh als zu spät. Über der Kimm sah ich langsam die Sonne aufgehen. Danach legte ich mich in meine Koje, der Admiral unter seine Bank und wir schliefen bis in den Nachmittag. Frühstücken brauchte ich ja nicht mehr, aber ein Tässchen Kaffee musste sein. Admiral Jason sah das anders, er bestand auf sein Futter. Da es noch reichlich früh war für das Abendessen, füllte ich schon einmal den Wassertank auf. Es war einiges verbraucht worden. Nun rief ich meine Mechthild zu Hause an, berichtete, dass ich in Ciudad del Carmen wäre, worauf sie gleich sagte: „Aber da ward ihr doch schon mal vor ein paar Wochen!" Schließlich erzählte ich ihr, wie das alles gekommen war. Es wurde das eine und andere noch besprochen, ich musste den Gesundheitszustand von unserem Jason durchgeben, dann wurde das Telefonat beendet.

Jetzt werde ich auch noch bei Olaf anrufen, habe mich schon lange nicht mehr bei ihm gemeldet, ging es mir durch den Kopf. Nach kurzem Klingeln meldete sich Lea, seine Frau. Sie erzählte mir, dass Olaf leider krank sei. „Was fehlt ihm?", wollte ich wissen. „Wir sind uns noch nicht sicher, wahrscheinlich hat er reines Wasser getrunken ohne einen Tropfen Rum darin." „Oh heiliger Klabautermann", rief ich, „das ist gefährlich." Ich fragte sie noch, ob er schon den Endzeitblick hätte? Ja, sagte sie, auch hätte er Kindbettfieber und Fußnägelrollen und beide Kniescheiben vibrierten unnatürlich. Da wurde es höchste Zeit etwas dagegen zu tun. „Du machst sofort zwei mittelgroße Gläser mit heißem Rum ca. 63,4°, darin je eine Chilischote und zwei Tropfen von einem Coleoidea[95], dann muss er die Gläser in einem Zug leeren. Folglich schnappt er nach Luft und will aus dem Fenster springen, sollten aber Flammen aus seinem Hals schlagen, dann musst Du noch einen Löffel Salz nachreichen. Nach 10

---

[95]Tintenfisch.

Minuten ist er wieder fit wie ein Turnschuh." Ich versprach Lea am nächsten Tag noch einmal anzurufen.

Der Admiral und ich inspizierten unser Schiff, kontrollierten unseren Proviant inklusive Rum, Wein und Tabak. Erleichter stellte ich fest, dass für die nächsten drei Wochen noch genügend vorhanden war. Gegen Abend machte ich uns landfein, Jason bekam wie immer beim Landgang sein rotes Seidenhalstuch umgebunden und ich nahm meine Kapitänsjacke und Mütze. Kurz darauf erschien auch schon Andy, um uns abzuholen. Wir setzten uns ein Weilchen auf die Achterbank, ein kleiner Grog war für uns noch drin, doch dann wurde es aber Zeit, denn Madame Butterfly wartete mit dem Essen auf uns. Mein Admiral stand kurz davor zu verhungern, hatte er schon seit vier Stunden nichts mehr bekommen. Andy zeigte mit der Hand in Richtung Ufer auf einen herrlichen Bungalow. „Das ist unser Ferienhaus", sagte er. Ich schaute ihn an. „Und du hast wirklich noch nicht die Rente durch?", fragte ich ihn. Er lächelte und schüttelte den Kopf. Das Schiff wurde verriegelt, die Innenbeleuchtung sowie Radio wurden eingeschaltet, dann gingen wir drei zum Haus hinüber.

Dort wurde uns die Türe von einer Dame mit weißer Schürze und Häubchen geöffnet. Ich wurde von der Dame in Spanisch begrüßt: „Bienvenidos Señor Capitán." Da kam auch schon Melly angerauscht, für jeden einen Aperitif auf dem Tablett, außer für A.-J., der bekam ein kleines Schüsselchen mit Wasser gereicht. Nun befürchtete ich, das geht ins Auge, mein Jason und Wasser! Doch weit gefehlt, er schlabberte das Schüsselchen komplett leer. Ich schaute mit großen Augen auf meinen Admiral, der aber drückte ein kleines Bäuerlein hinterher, ging in die Küche, schaute nach, was es zu essen gab und kam zu uns zurück. Melly, die alles beobachtet hatte, sagte zu mir: "Ja siehst du, ich habe schon etwas gelernt, gebe nie einem Schiffshund reines Wasser, immer müssen ein Paar Tropfen Rum hinein." Jason sah sehr zufrieden aus.

Alicia, so hieß das Hausmädchen, bat uns zu Tisch. Als Erstes wurde die Vorspeise serviert, es gab Artischockencocktail mit einem Schuss Sherry. A.-J. bekam Roastbeefstreifen auf in Öl gebackenem Kaninchenohr serviert. Das Hauptgericht bestand aus Black Angus Steak auf gebackenen Tortillaschalen. Dazu wurde ein kaltes Corona Bier gereicht, was vorzüglich zum Essen passte. Jason bekam Con Ternera - mit Streifen vom Kalb. Das Dessert bestand aus „Home made Cheesecake" mit heißen Kirschen und Sahne, wovon auch der Admiral etwas abbekam. Alles in allem war es ein vorzügliches Menu.

Nach dem Essen wurde noch lange geplaudert bis in die frühen Morgenstunden, langsam wurde es schon wieder hell. Die Zwei verabschiedeten sich, ihr Flug nach Hause ging Montag, den 12. März um 7:30 Uhr nach Veracruz und von dort nach Provincetown. Wir beschlossen, dass ich Ende Juli bei ihnen anlegen würde. Er fragte: „Versprochen?" „Ja", sagte ich. „Versprochen, es sei denn, mein Schiff geht unter." Er lächelte. „Dann könnt ihr trotzdem vorbeikommen."

Wieder an Bord meines Schiffes waren wir überhaupt nicht müde. Wir hatten schon so einige Nachttörns hinter uns, sodass wir fast daran gewöhnt waren. Also genossen wir noch den herrlichen Sonnenaufgang. Ich dachte an die letzten Wochen, wie das Leben so mit mir gespielt hatte. Da schipperte ich über den großen Tümpel bei Sturm und plötzlich winkte mir einer aus der brodelnden Badewanne zu. Ich zog ihn da raus und stellte fest, er war ein Amerikaner. Und das passierte alles in Mexiko. Ich schüttelte den Kopf (was sollte ich sonst schütteln) und der hatte nichts anderes zu tun, als mir mein Schiff abzuquatschen. Und dann wurde er sogar ein guter Freund. Melly und Andy waren eigentlich nette Leute, auch wenn sie aus Amerika kamen. Aber da konnten sie ja nichts dafür.

Wir blieben noch eine Woche auf Andys Liegeplatz in Ciudad del Carmen, dann machten wir uns auf den Weg nach Cuba, unsere Mission „Mexiko" war jetzt beendet.

„Adiós Mexiko"

Am Dienstag, den 20. März 2012 starten wir in Richtung Cancún an der südöstlichen Landspitze von Mexiko. Dort werden wir kurz Cancún anlaufen und versuchen Kapitän Francisco Vela zu erreichen und hören, ob Cousin Carlos Vela schon etwas erreicht hat bezüglich des Fußballvereins Alte Herren Faid?

Danach geht es weiter in Richtung Cuba, dort werden wir im Jachthafen von Havanna für ein paar Tage festmachen. Weiter geht's nach Miami, von dort werden wir 23°7'21''N, 82°23'11''W ansteuern und in Massachusetts Provincetown Drive den Informatiker Andy Mac Millan in der Bradford Street 122a besuchen.

M. Reinartz, Februar 2014

FSC
www.fsc.org
MIX
Papier aus ver-
antwortungsvollen
Quellen
Paper from
responsible sources
FSC® C105338